JN441317

빛나는 순간
카르페 디엠의 삶

Shining Moments, Carpe Diem Life

유순이 에세이

교음사

빛나는 순간, 카르페 디엠의 삶

어느 날, 아무 일도 일어나지 않은 평범한 하루가 문득 눈부시게 느껴졌다. 창문 너머로 스며드는 빛이 특별해 보이고, 바람에 흔들리는 나뭇잎에도 오래 눈길이 머물렀다. 그 순간 나는 아주 자연스레 깨달았다. 삶을 지탱하는 건 거대한 사건이 아니라, 아주 작은 '빛나는 순간들'이라는 사실을.

미래의 불확실성 속에서 현재와 순간의 가치를 재발견하고, 유일한 시간인 '지금 이 순간'에 진정한 가치를 부여하고 싶다.

우리는 종종 삶을 계획하고 꿈꾸는 데 많은 시간을 할애한다. 하지만 진정한 삶은 바로 이 순간 숨 쉬고, 느끼고, 경험하는 현재에서 일어난다. 우리 모두에게 주어진 시간은 한정돼 있다. 세월은 우리를 기다려 주지 않는다.

고대 로마의 호라티우스가 남긴 "오늘을 붙잡아라"는 이 말은 시간의 강을 건너 현대에 이르기까지 그 속에서 발견할 수 있는 깊이 있는 의미와 울림이 있기 때문이다.

숨겨진 삶의 기쁨을 찾아 현재의 순간을 충실히 살아내려는 노력이 바로 카르페 디엠에 담겨 있다. 이 책은 그런 순간들을 모아 기록한 작은 빛의 조각들이다. 스쳐 지나간 감정들, 계절의 결, 오래된 기억, 사랑과 상실, 회복과 선택의 순간들까지.

'카르페 디엠'이라는 말이 철학적인 의미를 넘어서 우리 일상의 호흡과 닮아 있기를 바라는 마음으로 글을 썼다.

스쳐 지나가는 일상의 순간들 속에서 빛나는 순간의 가치를 놓치고 싶지 않은 이들에게. 그리고 조용히 마음을 회복하고 싶은 누군가에게 쉼표가 되어 주기를 바라며.

이 책을 펼친 당신의 하루에도, 당신의 '빛나는 순간'을 조금 더 밝혀 주는 인생 여정으로 이끌게 되기를.

저자 유순이

빛나는 순간 카르페 디엠의 삶

1 순간의 미학

2 어제의 꿈 내일의 빛

3 머무르고 싶었던 순간들

4 사랑의 묘약

1

순간의 미학

인생은 뒤돌아볼 때 비로소 이해되지만,
우리는 앞을 향해 살아가야 하는 존재다.
- 키에르 케고르

순간의 미학

삶의 진정한 의미와 아름다움은 바로 지금 이 순간 속에 머물고 있다. 우리는 하루하루를 살아가며 수많은 순간을 스치고 지나간다. 생활 속에서 '찰나'를 잡을 수 있는 시간은 때때로 우리의 일상에서 흔히 지나가는 순간들 속에 있다. 이러한 찰나들은 짧지만 강렬하게 우리의 마음을 사로잡거나 기억 속에 남게 된다.

몇 해 전의 일이다. 깊고 차가운 겨울의 숨결이 서서히 사그라지며 얼었던 대지가 천천히 호흡을 가다듬고 있었다. 여전히 북쪽에서 찬바람이 스며들지만, 그 속에 어딘가 부드러운 기운이 섞여 있음을 느낀다. 아직 앙상한 나뭇가지들이 곳곳에 남아 있지만 가지 끝의 봉오리는 새싹을 틔울 생명을 품고 있다.

뜰 앞의 자목련나무도 봉오리가 조금씩 깨어날 준비를 한다. 겨우내 움츠렸던 가지 끝에서 부풀어 오른 꽃봉오리는 따사로운 햇볕에 수줍은 듯 꽃잎을 꼭꼭 감싸고 있다. 홀리듯 나의 시선이 꽃봉오리에서 눈을 떼지 못한다.

바로 그때!

전혀 예기치 못한 일이 눈앞에서 벌어졌다. 봉오리 끝자락의 미세한 떨림이 내 눈에 감지되는 그 찰나. 자목련나무의 꽃망울이 소리 없이 톡! 톡! 터지는 그 순간을 나에게 그만 들켜버렸다. 나는 숨이 멎는 듯 잠시 멍하니 무아지경 속에 빠졌다. 순간을 포착한다는 것이 이리 가슴 떨리고 흐뭇함이란….

때때로 눈앞에 펼쳐진 찰나의 아름다움은 우리의 마음을 흔들어 놓기에 충분하다. 우리가 진정 살아 있음을 느끼게 해주는 존재의 증거다. 쉽지 않은 광경을 보았기에 그저 같은 공간에 순간을 함께 하는 것만으로도 뿌듯하고 알 수 없는 평안이 마음을 감쌌다. 우리가 살아가며 느끼는 찰나의 아름다움과 감동은 이 순간 삶 속에서 일어난다.

우리가 꿈꾸던 목표를 달성하는 순간, 지난날의 고통과 인내가 한순간에 의미를 가지게 된다. 우리의 열정과 노력이 결실을 맺는 그 찰나는 삶의 진정한 의미와 소중한 순간의 행복을 만끽하게 된다. 우리는 인생에서 한 획을 그은 가장 보람 있고 가치 있는 일로 평가되고 기억될 것이다.

삶은 파격적이거나 대단한 사건들로만 이루어지는 것은 아니다. 오히려 가장 큰 깨달음과 감동은 소소한 일상의 작은 찰나 속에 있다. 나는 지금까지 살아오며 마주한 모든 순간은 그 안에 담긴 가치와 아름다움을 발견할 수 있는 소중한 기회였다.

시계의 분침이 시침으로 바뀌는 순간, 하늘에서 갑자기 떨어지는 빗방울 하나, 기다리던 첫눈이 어깨 위에 살포시 내려앉는 순간, 사랑하는 사람과 눈빛이 마주치는 순간, 이 세상에 온 소중한 한 생명의 경이로운 탄생의 순간, 아기가 첫걸음을 내딛는 순간, 아기가 처음으로 입을 떼며 "엄마! 아빠!"를 옹알이던 그 순간, 생사의 갈림길에 선 운명의 순간, 참을 수 없는 울음과 웃음이 터지는 순간, 읽고 있던 책 속의 문장에 스치듯 깨달음을 얻는 순간, 결정적인 선택 앞에서의 순간.

이 모든 것들이 나와 가족, 주변 사람들의 삶의 이야기다. 그 속에 깃든 순간의 가치와 아름다움은 인생의 깊이를 더 하게 되며 마음의 감동으로 이어진다.

인간사와 자연 속에서 삶의 모든 기쁨과 슬픔, 행복을 안겨주는 이러한 순간들은 우리 주변에서 무수히 일어난다. 우리는 매일같이 수많은 순간을 얼마나 진정으로 느끼며 살고 있는가.

흐르는 세월의 무게를 견디고 있는 나는 새로이 주어진 오늘에 감사하며 아침에 마시는 그윽한 향의 차 한 잔에도 소중한 하루를 살아갈 힘을 얻는다. 바람에 흔들리는 나무의 잎사귀를 느끼며, 길섶에 피어 있는 수수한 이름 모를 풀꽃들에게도 눈길을 던지고 생명의 몸짓에 미소 짓는다. 나는 지나가는 작은 순간 속에 담긴 깊은 의미를 마음에 담으며 순간의 아름다움을 느끼고 온전히 누려 보려 애쓴다.

지금의 가치와 아름다움을 깨닫지 못하면 마치 무채색의 그림처럼 우리의 삶은 빛과 생동감을 잃고 만다. 시간은 지나가고 순간은 사라질지언정 그 찰나의 아름다움은 마음속 깊이 새겨지기 때문이다. 우리가 영원한 존재가 아님을 자각할 때 비로소 매 순간을 더 깊이 사랑하게 된다.

순간의 미학은 지금 이 순간의 찰나의 유한함에 있기 때문이다.

The Aesthetics of the Moment

The true meaning and beauty of life reside in the present moment. As we move through our days, countless moments brush past us — so quietly that we often fail to notice them. Yet within these fleeting instants lie the impressions that stir our hearts and remain etched in memory.

It happened several years ago, when winter's deep and icy breath was slowly receding and the frozen earth began to steady its pulse again. Though a cold wind still drifted down from the north, I could sense a faint softness hidden within it. Bare branches stretched across the landscape, but at their tips rested the quiet promise of new buds waiting to unfold.

The purple magnolia tree in my yard was also preparing to wake. At the ends of the branches that had curled inward through the long winter, swollen buds held their petals tightly, as if shy before the early spring sunlight. My eyes lingered on them, unable to turn away.

And then — in a single, unexpected instant — it happened.

A slight tremor at the edge of a bud caught my eye. The magnolia blossoms, in a soundless tok, tok, began to open right before me, as if revealing a secret they had long guarded. For a moment, I forgot to breathe. I stood suspended between astonishment and awe, overwhelmed by how thrilling it felt simply to witness a moment reveal itself.

Sometimes the beauty that appears before us so briefly is powerful enough to move our entire being. It is proof that we are truly alive. Because the sight was so rare, merely sharing space with that moment filled me with a quiet sense of fulfillment and peace. The beauty and emotion awakened in these fleeting instants arise not from grand events, but from life unfolding in real time.

When we finally reach a long-awaited goal, the pain

and endurance of the past suddenly take on meaning. In the instant our passion bears fruit, we experience the profound joy and purpose that define a life well lived — moments we look back on as among the most meaningful and valuable of our journey.

Life is not made solely of dramatic or extraordinary events. More often, its deepest lessons and emotions lie hidden in the smallest moments. Every moment I have encountered so far has been a quiet opportunity to discover the value and beauty held within it.

The second the minute hand meets the hour hand, the sudden fall of a raindrop from the sky, the gentle landing of the season's first snowflake on one's shoulder, the shared glance with someone dearly loved, the miraculous birth of a new life, a child's first hesitant steps, the first time a baby forms the words "Mama" and "Papa," the moment one stands at the boundary between life and death, the uncontrollable burst of tears or laughter, the sudden insight sparked by a sentence in a book, the tremor of hesitation before a decisive choice.

These are the stories of my life and of the lives of those around me. The value and beauty carried within these moments deepen the texture of our existence and linger as emotional resonance.

Among the affairs of human life and within the rhythms of nature, moments that give rise to joy, sorrow, and happiness unfold endlessly around us. Yet how often do we truly feel them as we live each day?

Enduring the weight of passing time, I find myself grateful for each newly given day. Even a single fragrant cup of morning tea grants me strength for the hours ahead. I feel the trembling of leaves in the breeze, notice the small unnamed wildflowers blooming along the roadside, and smile at their delicate gestures of life. I try to hold the meaning hidden within each passing instant, to feel and savor the beauty it offers.

If we fail to recognize the value and beauty of the present, life becomes like a colorless painting — devoid of depth and vitality. Time may pass and moments may fade, but the beauty of an instant remains engraved deep within the heart. Only when we acknowledge that we are not eternal do we learn to love each moment more deeply.

For the essence of the moment's aesthetics lies precisely in its fleeting, finite nature.

캘리포니아의 봄

차창 너머 산등성이의, 노란 유채꽃이 서둘러 봄을 알리며 온통 노랗게 물감을 흩뿌려 놓았다. 내리쬐는 햇살은 소리를 내지 않아도 만물은 봄이 오는 것을 아는가 보다. 산자락을 돌아 나오니 바로 확 트인 넓은 도로다.

저 멀리 아득한 지평선과 맞물려 광활한 대지 위로 만개한 아몬드꽃들이 끝도 없이 펼쳐져 있다. 열린 하늘 사이로 하얀 뭉게구름들이 한꺼번에 쏟아져 내려앉은 듯하다.

하얗고 연분홍빛의 아몬드꽃이 한순간에 훅하고 내 눈 안에 들어온다. 영화의 한 장면처럼 환상적인 풍경이 연이어 전개되며 절로 감탄과 탄성을 자아낸다. 지나가는 도로 위의 열린 차창으로 코끝에 스며드는 아몬드꽃의 독특한 향기가 매혹적이다.

캘리포니아는 한국과 달리 2월부터 꽃봉오리가 올라온다. 아몬드 나무의 대단지가 시작되는 북부 테하마 카운티에서부터 컨 카운티에 이르기까지 장장 육백오십 킬로미터를 이어서 내려오는데 아름다운 한국의 벚꽃십리, 명사십리와는 규모에서 만큼은 차원이 다르다. 실로 그 면적과 크기가 어마어마하다. 캘리포니아는 국내에서 유통되는 아몬드 99.8% 전 세계 아몬드 생산량의 83%에 해당하는 아몬드 본 고장이다.

일찌감치 꿀벌 통들을 여러 곳에 미리 대기해 놓고 있다. 2월 말부터 3월 초까지 꿀벌에 의해 수분된 아몬드꽃은 6월까지 계속 성장해 외피가 단단한 열매가 되어 8월 중순부터 10월까지 본격적인 아몬드 수확이 이어진다. 미국에서는 매년 2월 16일을 '아몬드 데이'로 지정해 아몬드꽃의 개화를 기념하고 있다.

캘리포니아의 봄은 기후가 좋아 신이 내린 축복의 땅이라고들 한다. 캘리포니아의 봄을 즐기기 위해 많은 사람이 도시마다 잘 알려진 유명 관광지와 봄의 명소들을 찾아다니며 여행을 한다. 소문난 관광지와 명소마다 주말이면 사람들로 넘쳐나 무척 혼잡하다. 그래서 봄이 되면 저마다 진정한 봄을 느끼기 위하여 아는 사람만 안다는 이곳 북부 캘리포니아의 대단지 아몬드꽃을 구경하기 위해 잊지 않고 그때를 맞추어 찾아가는 사람들이 있다. 복잡한 도시와 인파에서 벗어나 쭉 뻗은 한가한 도로와 끝이 없는 아몬드꽃의 장관을 보기 위해서

다. 아몬드꽃은 우리나라의 매화, 벚꽃과 흡사하다. 은근히 진한 듯한 아몬드꽃 향기는 덤으로 바람에 실려 와 코끝을 자극하며 운치를 더한다. 이 순간 눈을 감고 잠시 상념에 젖어본다.

해가 뜨고… 달이 지고…. 자연의 이치가 그러하듯 일상 속에서의 반복되는 생활, 그 속에서 느끼는 지루함과 답답함을 탈피하려 안간힘을 쓴다.

인생 여정에서 날마다 해결해야 할 일들로 지치고 힘겨울 때가 있다. 인생이란 삶의 무게를 짊어지며 예기치 못한 시련 속에서도 한 걸음씩 나아간다. 나름의 철학을 가지고 사계의 변화에서 인생을 보고 느끼며 새로운 활력을 얻고자 스스로를 돌아본다.

지루한 일상도 어찌 보면 그저 고맙고 감사할지도 모른다. 자연이 주는 아름다운 봄에 활짝 핀 아몬드꽃의 향연을 새삼스레 느끼게 된다. 나무가 하나의 꽃망울을 터뜨리기 위하여 자연에 순응하고 참고 견뎌낸 강인한 생명력 때문이 아니겠는가! 자연은 우리에게 살아가는 삶의 지향점을 보여준다. 해마다 돌아오는 봄도 반가운 봄이려니와 흐르는 세월 따라 느끼는 봄은 그 무게가 다를 것이다.

문득 눈을 떠보니 여전히 이어지는 하얀 아몬드꽃이 눈부시다. 시선에 이끌려 차를 멈추고 대단지의 아몬드 나무 밭길을 걸어보기로 했다. 나무 아래 땅들은 이미 아몬드 하얀 꽃잎들로 수북이 쌓여 있다. 은은한 향기가 나의 마음을 들뜨게 하고 봄의 향수에 젖게 한다.

"동구 밖 과수원길 아카시아 꽃이 활짝 폈네, 하얀꽃 이파리 눈송이처럼 날리네, 향긋한 꽃냄새가 실바람 타고 솔솔…."

어느새 나는 아이러니 하게도 캘리포니아 아몬드꽃밭에서 한국의 「과수원 길」을 입속으로 흥얼거리며 아카시아꽃을 노래하고 있었다. 한국의 봄이 그리워진다.

지금쯤 산과 논두렁에는 지천으로 쑥, 냉이, 달래들이 다투어 고개를 내밀고 올라오겠지. 한국의 봄은 흥과 함께 아기자기한 멋과 상큼한 맛도 빼놓을 수 없다. 아몬드꽃잎의 흔치 않은 고혹적인 향에 흠뻑 취해서인지 순간, 캘리포니아와 한국을 오가고 있다.

이른 봄에 피는 아몬드꽃은 새 생명과 희망을 상징한다고 한다. 또한, 아몬드 나무는 부활의 상징으로도 널리 알려져 있다. 꽃말은 진실한 사람, 기대, 희망이다. 고흐가 자신이 가장 힘들고 어려웠던 시기에 희망적이고 밝은 그림을 그린 자신의 명작 「꽃 피는 아몬드 나무」를 사랑하는 조카에게 그 뜻을 담아 선물로 주었다고 한다. 흐드러지게 핀 아몬드꽃 나무 사이로 사방으로 흩어 퍼지는 그윽한 향을 온몸으로 느끼고 있다.

이 순간, 나는 봄의 한가운데 서 있다. 수 년 동안 살아오면서 캘리포니아의 봄을 보며 한국의 봄을 떠올리고 그리워하듯, 한국으로 돌아가 살다 보면 다시 캘리포니아의 봄을 그리워하게 될 것이다.

Spring in California

Beyond the car window, yellow canola blossoms hurry to announce the season, scattering their color across the hillsides.

As the road curves away from the mountain's edge, the view opens wide — an endless stretch of sunlight spilling across the valley. Though the sun makes no sound, all living things seem to know that spring has come.

Far off, where the horizon dissolves into the earth, almond blossoms spread endlessly — white and pale pink beneath an open sky. Billows of cloud appear to have fallen all at once upon the fields. In an instant, those luminous petals rush into my eyes like scenes unfolding in a dreamlike film — each one more breathtaking than the last.

Through the open car window drifts the faint, distinct fragrance of almond blossoms — delicate yet intoxicating.

Unlike in Korea, buds in California begin to swell as early as February. From Tehama County in the north to Kern County in the south, an unbroken ribbon of orchards stretches about 650 kilometers — vast and majestic, beyond the scale of Korea's famed cherry-lined roads.

California produces 99.8 percent of all almonds distributed in the United States and 83 percent of the world's supply. It is, unmistakably, the homeland of almonds.

By late winter, rows of beehives wait quietly among the trees. From late February to early March, the bees begin their work, carrying pollen from flower to flower. By June, the soft shells harden into fruit, and from mid-August through October, the great harvest begins.

Each year, on February 16, America celebrates Almond Day, honoring the brief yet dazzling life of the almond blossom. They say spring in California is a divine blessing — a land touched by light. Each year, travelers set out to chase that beauty, flocking to famous gardens and flower fields. But on weekends, those places overflow with people and noise.

And so, some seek a quieter spring, making their way to the hidden orchards of Northern California, known only to those who truly know. Here, the roads run long and empty, bordered by endless rows of almond trees, where spring breathes in silence.

The almond blossoms resemble Korea's plums and cherries. Their fragrance, gentle yet rich, drifts on the wind and stirs the heart. I close my eyes and sink into thought. The sun rises, the moon sets — so it has always been. Amid the repetition of days, I struggle, like anyone, to break free from weariness and constraint. There are moments when life feels heavy — when each day's demands weigh upon the spirit.

Yet still we walk on, bearing the unseen weight of living, taking one step at a time through trials unchosen. In those seasons of endurance, I find myself turning to nature, drawing strength from its quiet transformations. Perhaps even monotony is a kind of grace.

Watching the pageant of spring — the almond blossoms swaying in the sunlight — I feel it once more: for a single bud to bloom, a tree must first endure, yielding to the rhythm of nature. Life, too, asks the same of us. Each returning spring is a joy, yet as the years pass, its meaning deepens — its weight grows tender.

When I open my eyes again, the white blossoms still stretch endlessly before me, dazzling beneath the sun. Drawn by their quiet call, I pull over and walk a dirt path between the rows. The ground beneath the trees is carpeted with fallen petals. A faint fragrance fills the air, lifting my heart and carrying me into the nostalgia of spring.

Without realizing it, I begin to hum an old Korean song:

"Down the orchard path beyond the village, the acacia blossoms bloom. White petals drift like snowflakes; the breeze carries their scent⋯."

Here I am, in the vast almond fields of California, softly singing of acacia blossoms and home.

I miss Korea's spring — its laughter, its colors, its charm. By now, I imagine, mugwort and shepherd's purse are pushing through the fields, their heads lifted to the light. Spring in Korea has its own rhythm — spirited, tender, alive with taste and scent. Perhaps, lost in the rare perfume of almond blossoms, I am drifting between two worlds.

The almond tree, they say, is a symbol of rebirth and hope — its blossoms of sincerity, expectation, and renewal. During his darkest years, Vincent van Gogh painted Almond Blossom, a prayer of light, and gifted it to his newborn nephew — a promise of life amid despair.

Now, standing among trees heavy with blossoms, the air steeped in their fragrance, I feel that same quiet hope taking root within me. Spring in California — like life itself — arrives softly, but its light lingers long after the petals have fallen.

눈물의 네잎클로버

삶은 때로 우리가 가장 원하지 않는 방식으로 뜻밖의 선물을 건넨다. 그 선물이 행운인지 운명인지는 시간이 한참 지난 후에야 알 수 있다. 샌프란시스코의 하늘이 유난히 맑고 청아한 어느 날 아침, 걸려온 전화 한 통.

목소리는 나직했지만 무겁게 떨어지는 단어 하나하나가 나를 숨조차 잃게 만들었다. "놀라지 마라, 어머니가 위급하셔. 지금 바로 와야 한다. 어서 서둘러라."

언니의 그 말을 듣는 순간 세상의 모든 소리가 멈추는 듯했다. 나는 정신줄을 놓은 채로 허둥지둥 공항으로 향했다.

그날따라 눈에 들어온 모든 것이 낯설고 초현실적이었다. 꿈에만 그리던, 가격조차 제대로 알아본 적 없는 일등석 자리가 기이하게도 나를 기다리고 있었다.

지금껏 가장 비싸고, 가장 좋은 위치의 안락한 좌석이었다. 그러나 그 안에서 나는 가장 깊고 조용한 절망 속에 앉아 있었다. 그토록 고요하고 부드러운 비행은 내게는 단지 시간과의 사투였다. 기내식도, 따뜻한 이불도, 흘러나오는 클래식 음악도, 그 어떤 것도 내 마음을 감쌀 수 없었다.

나는 창밖을 보며 소리 없이 울었다. 숨죽여 울고 또 울었다. 흐느끼는 내 어깨가 떨릴 때, 낯선 손길이 내 등을 가만히 어루만졌다. 고개를 돌리니 은빛 머리의 노부인이 조용히 서 있었다. 그녀는 아무 말도 하지 않았다. 그저 손에 쥔 작은 무언가를 내 손에 꼭 쥐여 주고 온화한 미소를 지으며 자리에 돌아갔다.

그것은 네잎클로버였다. 종이 위에 눌러 말린 조그마한 풀잎 한 장. 나는 얼떨결에 그것을 바라보며 다시 눈물을 흘렸다. 그 순간 나는 알았다. 그녀도 언젠가 나처럼 가슴 찢기는 여정을 했던 사람이라는 것을. 그녀도 그날, 어디선가 네잎클로버 하나를 건네받았을지 모른다.

그리고 지금 그 기억을 나에게 이어주고 있는 것이다. 한국 땅을 밟자마자 택시를 타고 부랴부랴 병원으로 달려갔다. 손에 네잎클로버를 쥔 채 나는 온 세상을 향해 조용히 기도했다. 단 1분이라도…. 제발 늦지 않기를.

하지만 병원에 도착했을 때 어머니는 조금 전, 아주 잠잠히 마지막 숨을 놓으신 후였다. 어머니가 막내딸 온 줄 알고 안심하고 아쉬운 눈을 감으셨을 거라고 모두 말하며 위로하였다.

아직도 어머니와 못다 한 정, 하고 싶은 말이 산처럼 쌓였는데…. 나는 아무 말도 할 수 없었다. 지금, 세상이 천천히 무너지는 소리를 들으며, 아직도 온기가 남은 어머니의 손을 붙잡고 울다 지쳐 가라앉은 침묵 속에 앉아 있었다. 그날 이후로 나는 가끔 비행기에서 받은 네잎클로버를 꺼내본다.

그것은 더 이상 행운의 상징이 아니다. 그건 누군가의 아픔이, 누군가의 사랑이 조용히 내게 전해준 인생의 다음 숨결이다. 삶은 어쩌면, 이렇게 한 사람의 고통이 또 다른 사람을 다독이는 방식으로 우리를 이어주고 있는 것인지도 모른다. 그리하여 결국, 우리는 서로를 구하고 서로를 안으며 살아가는 것이다. 그리고 나는, 그날의 네잎클로버를 내 인생의 가장 슬프고도 고마운 선물로 기억한다.

지나간 것은 지나간 대로

어제는 역사이고, 내일은 미스터리이며, 오늘은 선물이다. 그래서 우리는 현재를 '선물'이라고 부른다. -빌 키언-

어느 날 문득, 이 말이 마치 우리의 인생 여정처럼 함축된 의미로 내게 다가왔다. 자연의 사계처럼 세월 따라 우리의 몸과 마음도 변해 간다. 한창 청춘일 때 바닷가에서 본 해 질 녘 노을은 탄성과 함께 낭만 그 자체였다.

훗날, 나이 들어 캘리포니아 하프문베이(Half Moon Bay)에서 바라본 불타던 노을은 아름다움을 넘어 처연하기까지 했다. 한 폭의 수채화처럼 붉은 해가 포물선을 그리며 서서히 수평선 아래로 점점 가라앉았고, 마침내 바닷속으로 조용히 떨어졌다.

그 순간, 가슴 한구석이 철렁 내려앉았다. 마치 삶의 유한성을 목격하는 듯 내 가슴에 지금까지 각인되었다. 나는 숭고하고 아름다운 광경 앞에 넋을 놓았었다. 어느 시인이 붉게 타는 노을을 보며 눈이 부시도록 아름다운 그 이면에 빛의 고통을 느꼈듯이, 그 고통이 이제야 나에게로 전해지다니…. 모든 것은 찰나요, 순간이다.

우리의 삶은 시시각각 다가오는 수많은 순간의 연속이다. 지나간 세월을 돌이켜보면 실패와 좌절, 기쁨과 슬픔, 성공과 환희 이 모두가 우리의 삶을 풍요롭게 만드는 중요한 인생의 편린이었다. 문제는 괴롭고 힘든 시간에 사로잡혀 있을 때는 멀리 보지 못하고 전혀 깨닫지 못한다는 데 있다. 결국, 숲은 보지 못하고 나무에만 시선을 빼앗기듯, 우리는 눈앞의 고통에 갇혀 인생 전체를 바라보는 시야를 놓치고 만다.

지나간 것들에 얽매이지 않고 오늘을 소중하게 여겨, 이 순간을 온전하게 살아가야 함을 터득하기까지 제법 오랜 시간이 걸렸다. 내가 의외로 소심하고 마음이 나약하다는 걸 그때 깨달았다. 사실, 마음을 정리하고 비운다는 게 나에게는 그리 녹록지 않은 일이었다. 예전에 어머니가 늘 내게 말씀하셨던 기억이 난다. "지나간 일에 너무 연연해하지 말거라. 다 지나고 나면 별일 아닌 것이 되고, 그 뜻이 다 있을 테니…."라고 하셨다. 힘들었던 그 시절에 어머니의 이 말씀은 큰 위로가 되었다.

살다 보면 인생의 고비마다 대나무 마디처럼 흔적을 남긴다. 지나간 일들을 통해 성장하고 더 나은 내일을 향해 나아가는 법을 나이가 들어감에 따라 절실히 느끼고 깨닫게 된다. 근래에 친구와 가까운 지인들에게 물어보았다. '다시 시간이 주어진다면, 그 시절-과거로 돌아가고 싶으냐…?'라고 그런데 대다수의 대답은 의외였다. 미련과 아쉬움이 전혀 없다고는 할 수 없으나, 힘든 그 시절로 다시는 돌아가고 싶지 않다는 것이다. 그만큼 삶이 남긴 상흔이 만만치 않았으리라.

상처가 아물면 굳은살이 나오듯, 굳은살도 내 몸의 소중한 한 부분이다. 세월이 한참 흐르고 나면, 떠올리기 싫은 그 시절도 그리울 때가 있다. 힘든 세월을 보냈기에 오늘에 이르렀다는 것을 자각하기 때문이 아닐까. 지나간 일들은 이미 지나갔지만, 그 속에서 배운 것들은 내일의 나를 만드는 중요한 밑거름이 된다. 어제의 실수와 아픔은 나를 성장시키는 교훈이 되었고, 내일의 불확실함은 나에게 용기를 주는 도전이 되었다.

노을이 지면 어둠이 찾아오지만, 우리는 그 어둠 속에서도 희망을 품고 내일을 향해 나아가야 한다. 오롯이 살아내야 할 인생이기 때문이다.

'지나간 것은 지나간 대로'라는 말은 단순한 위로가 아니다. 지나간 일들의 기쁨과 슬픔, 그리고 크고 작은 사건들은 우리 삶에 의미를 부여한다. 세상의 모든 일도 그렇다. 제2차 세계

대전 이후, 오랜 적대감과 전쟁에도 불구하고 프랑스와 독일은 과거의 상처를 치유하고 화해의 길을 걸었다. 이는 유럽연합의 창설로 이어졌고, 지속적인 평화와 협력의 상징이 되었다. 우리 삶에서도 마찬가지다. 중요한 것은 과거를 회피하지 않고, 그것을 통해 성장하고 더 나은 미래를 만들어가는 것이다.

지나온 것은 지나온 대로 내 삶의 자양분으로 받아들여야 한다. 제각각 어떻게 받아들이고 살아갈지는 전적으로 우리 자신의 몫이다. 다만, 우리 손에 쥘 수 있는 유일한 것은 바로 오늘이다. 진정한 힘은 오늘, 이 순간에 있다는 것이다.

When Yesterday Becomes Memory

"Yesterday is history, tomorrow is a mystery, and today is a gift—that is why we call it the present."

— Bill Keane

One day, these words struck me with a depth I had not fully understood before. Much like the turning of the seasons, our bodies and minds change as the years pass. When I was young, the sunset I once watched on a beach was pure romance—something that filled me with wonder and delight.

Many years later, I witnessed a blazing sunset at Half Moon Bay in California. This time, its beauty carried a quiet sorrow. Like a watercolor brushed across the sky, the crimson sun traced a slow arc before slipping beneath the horizon and falling silently into the sea.

In that moment, my heart sank. It felt as if I was witnessing the finiteness of life itself. The scene left such an imprint on me that I stood in reverent stillness, overwhelmed. A poet once wrote that behind the dazzling splendor of a burning sunset lies the pain of light. Perhaps that pain had finally reached me. Everything is fleeting—everything is momentary.

Our lives are composed of countless moments rushing toward us one after another. Looking back, our failures and disappointments, joys and sorrows, successes and triumphs—all were fragments that enriched the story of our lives. The trouble is that when we are caught in hardship, we cannot see far. Like someone who cannot see the forest for the trees, we become trapped in our immediate pain and lose sight of the larger landscape of life.

It took me a long time to learn not to cling to the past and to cherish the present—to truly live this moment. Only then did I realize that, unexpectedly, I am more timid and fragile at heart than I ever believed. Letting go, emptying myself, giving shape to my inner life—none of it came easily.

I remember what my mother used to tell me:

"Do not hold on too tightly to what has passed. In time, you'll see that most things were never as heavy as they felt, and each had its own meaning."

Her words were a profound comfort during the hardest years of my life.

As we live, life leaves its marks—like the nodes on bamboo. With age, we come to feel more deeply how past experiences help us grow and guide us toward a better tomorrow. Recently, I asked a few friends and close acquaintances whether they would return to their younger days if given the chance. Their answers surprised me. Though they admitted to regrets or unfulfilled wishes, almost all said they would not go back. The scars left by those years must have been heavier than I imagined.

Just as a healed wound leaves a callus, those calluses become a part of who we are. With enough time, even the days we once wished to forget can become strangely nostalgic. Perhaps it is because we recognize that our difficult years carried us to where we now stand. The past has already passed, but the lessons drawn from it become the foundation of who we will become. Yesterday's mistakes and sorrows turned into teachings that shaped me, while tomorrow's uncertainties challenge me to be courageous.

When the sun sets, darkness follows. Yet even in that darkness, we must hold onto hope and keep moving toward tomorrow. This is the life we are meant to live. "Let what has passed, pass" is not a simple consolation. The joys and sorrows of the past—and every event, large or small—give meaning to our lives. History shows the same. After the devastation of World War II, France and Germany, despite deep wounds and enmity, chose healing and reconciliation. Their efforts eventually led to the creation of the European Union, a symbol of lasting peace and cooperation. So it is with our own lives: what matters is not avoiding the past but growing through it and shaping a better future.

We must accept what has passed as nourishment for our lives. How we interpret it, how we carry it, and how we move forward—these are entirely our own choices. But one truth remains: the only thing we truly hold in our hands is today. Our strength lies here, in this moment.

무엇이 나의 행복을 채우는가

어릴 적 나는 늘 특별한 날을 기다렸다.

명절, 생일이나, 크리스마스, 소풍 가는 날처럼 달력에 동그라미를 쳐 둔 날들만이 특별한 의미였고 '진짜 하루'라고 여겼다. 그 외의 날들은 그저 흘러가는 의미 없는 숫자들이었다. 하지만 나이가 들수록 깨닫는다. 삶은 특별한 날로 채워지는 것이 아니라 그 특별하지 않은 날들을 어떻게 살아내느냐로 채워진다는 것을.

나는 한때, 행복은 완성된 무언가라고 믿었다. 목표를 달성하고, 누군가의 박수를 받고, 성취라는 산의 정상에 올랐을 때 비로소 찾아오는 보상이라고. 그러나 그 정상에서 내려와 본 자들은 안다. 그곳엔 아무것도 없었다. 바람 한 줄기와 함께, 헛헛함만이 귀에 맴돌았다.

행복은 준비된 사람의 몫이 아니라, 깨어있는 사람의 몫이다.

-헨리 데이비드 소로-

행복은 찬란한 성취보다 문득 마주치는 '살아 있음'의 순간이 가까웠다. 가령 이른 아침 주전자에서 모락모락 피어나는 수증기를 바라보다 고요에 물드는 순간, 버스 창밖 풍경이 마치 영화처럼 흘러갈 때, 그 익숙한 거리에서 낯선 아름다움을 느낄 때, 친구와 나눈 평범한 대화 속에서, 문득 내가 혼자가 아니라는 사실을 체감할 때, 이런 조용한 순간들이 내 안의 빈 공간을 하나둘 채워가기 시작했다.

행복은 '갖는 것'이 아니라 '느끼는 것'이었다. 행복이란 무엇일까?

누군가는 그것을 성공이라 말하고, 또 다른 누군가는 사랑이라 말한다. 어떤 이는 고단한 하루의 끝에서 마시는 차 한 잔에 담긴다고 믿고, 또 다른 이는 수많은 이정표를 꿰뚫는 하나의 본질이 있다면 그것은 '이 순간 충분하다고 느끼는 마음'이다.

행복은 외부에서 주어지는 상태가 아니다. 그것은 스스로에게 허락하는 감정이다. 어떤 사람은 작은 꽃 한 송이에도 마음이 차오르고, 또 다른 사람은 세상을 다 가져도 여전히 허기진다.

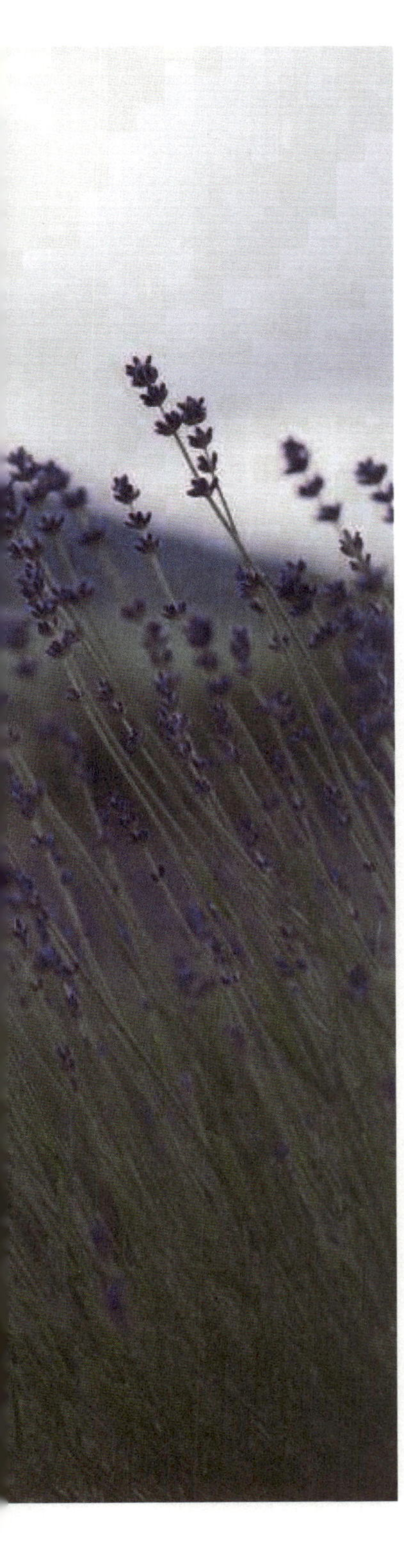

행복은 다른 곳이 아닌 이곳에서…
다른 시간이 아닌 바로 지금 이 시간에 있다.
-walt whitman-

결국, 행복은 조건의 문제가 아니라 인식의 문제이며, 더 많이 가지는 것이 아니라 더 깊이 느끼는 것이다. 철학자 에픽테토스는 말했다. "우리를 괴롭히는 것은 사물 그 자체가 아니라, 그것에 대한 우리의 해석이다."라고. 행복도 마찬가지다. 우리가 삶을 바라보는 시선, 그 시선이 얼마나 따뜻하고 수용적인가에 따라 행복은 자라나기도 하고 시들기도 한다.

또한, 행복은 정적인 상태가 아니라 유기적이고 변화하는 흐름이다. 우리가 살아 있는 동안 완전히 정복하거나 소유할 수 있는 대상이 아니다. 그래서 행복의 본질은 찰나성에 있다. 그것은 늘 우리 곁을 스치지만, 붙잡으려 하면 사라지고, 놓아줄 때 다시 다가온다.

행복은 완성된 상태가 아니라 연습하는 태도다. 감사하려는 태도, 사랑하려는 태도 그리고 오늘 하루를 의미 있게 살아보려는 태도 말이다. 그것은 결국, 삶을 향한 우리의 자세이며 존재 자체에 대한 존중이다.

행복은 멀리 있지 않다. 그것은 늘 지금 이 순간, 아주 조용한 얼굴로 나를 기다리고 있다. 하지만 우리는 자주 그 존재를 놓친다. 너무 빨리 걷고, 너무 바쁘게 지나가고, 늘 '더 나은 날'을 기다리느라.

'지금'이라는 찰나를 흘려보내는데 익숙해진 우리는 나중에 문득 뒤돌아보고서야 그 하루가 얼마나 소중했는지를 깨닫곤 한다. 그래서 나는 요즘, 작은 연습을 시작했다. 매일 아침 눈을 뜨면 길게 숨을 들이마시고 이렇게 말하는 연습이다.

"오늘 하루는 내가 다시는 살 수 없는 날이다." 그렇게 시작된 하루는 이전과는 결이 조금 다르다. 똑같이 반복되는 일상이지만 작은 변화들이 스며든다. 창밖의 햇살이 세상 따뜻하고 예쁘다는 걸 알아차리고, 오래된 머그잔 속 따뜻한 커피에 감사하게 되며 익숙한 사람의 평범한 인사말이 괜히 마음에 오래 남는다.

그 연습은 오히려 작고 느리다. 하지만 그 작은 감각 하나하나가 쌓이면, 어느 순간 마음속 느껴지는 시선이 달라지는 것을 느낀다. 늘 어딘가 결핍된 기분, 뒤처질 듯한 불안함 속에서 살았던 나날들이 조금씩 가라앉고, 대신 지금 이 자리에 머무는 법을 배우기 시작한다.

어쩌면 이게 바로 카르페 디엠(carpe diem), 오늘을 붙잡는 연습인지도 모른다. 그렇다고 모든 날이 아름다울 수는 없다. 어떤 날은 이유 없이 무기력하고, 어떤 날은 온 세상이 나에게 등을 돌린 것처럼 느껴지기도 한다. 하지만 그런 날조차도 살아볼 가치가 있다. 왜냐하면, 삶은 기적처럼만 존재하지 않기 때문이다. 오히려 아주 평범하고 때론 지루하기까지 한 날들 속에서, 나도 모르게 다가오는 어떤 깨달음, 어떤 온기들이 우리를 살아가게 만든다.

행복이란 목표가 아니라 태도이고, 목적지가 아니라 길 위에서 만나는 순간들이다. 나는 이제 그것을 믿는다. 그리고 그런 삶을 살아가기 위해서는 매일매일이 하나의 연습이어야 한다. 다정하게 말 걸기, 천천히 걸으며 명상을 하고, 좋아하는 음악을 듣고 즐기며, 사랑한다는 말을 망설이지 않기다.

그렇게 하루하루를 잘 살아내는 것도 중요하지만, 성실히 살아내는 것이 더 깊은 울림을 남긴다. 이 글을 읽는 당신도 오늘 하루를 행복해지는 연습을 해보면 어떨까. 아주 작은 시도부터. '지금 이 순간'이 당신 삶의 가장 아름다운 날일 수 있다는 믿음을 안고서.

그렇다. 무엇이 나의 행복을 채우는가? 그것은 마치 사라질 듯 스쳐 가는 순간들이다. 누구에게도 설명할 수 없는, 그러나 분명 존재했던 찰나들. 바로 지금 이 순간에도 나는 조금씩 채워지고 있다.

세월을 담은
청자연적은

책상 한 귀퉁이 햇빛이 하루의 곡선을 따라 미끄러져 내리는 그 자리에 나는 늘 그 연적을 올려둔다. 청자의 살결 같은 빛, 맑은 물빛 속에서 세월은 고요히 숨을 쉰다.

나는 문득 붓을 들던 시아버님의 손을 떠올린다. 옛날 붓으로 글씨를 쓰던 시절의 증조부로부터 내려온 애장품으로 매일 옆에 두고 닦으시며 아끼시던 분신과도 같은 존재였다.

먹을 갈고 연적에 물을 한 방울 떨어뜨리던 그 순간들. 그에게 연적은 단지 문방사우가 아니었다. 하루를 시작하는 의식이었고, 마음을 맑게 하는 의지였다. 때로 우리는 한순간이 아무 일도 아닌 듯 스쳐 지나가다가 훗날 어떤 사소한 물건 하나 앞에서 그 순간의 모든 감정과 온도가 되살아나는 경험을 하게 된다.

이름 없는 하루가, 어느 날엔 무게 있는 기억이 되어 돌아온다. 어쩌면 시간은 흐르는 것이 아니라, 이렇게 우리 안에 쌓여 가는 것인지도 모른다. 눈에 보이지도 손에 잡히지도 않던 그것이 결국엔 누렇고 바랜 한 장의 사진, 어느 봄날 받은 사진들이 말라버린 꽃잎들 같은 모습으로 우리 앞에 머물고 있다.

그제야 우리는 깨닫는다. 아무렇지 않게 지나친 하루하루가 사실은 얼마나 소중했는지를 그리고 오늘이야말로, 그 어떤 유물보다 아름답고 생생한 시간이란 사실을. 연적 앞에서 나는 하루를 준비한다.

차를 끓이고, 먹 대신 펜을 들고 창문을 열어 햇빛을 들인다. 그리고 소리 없이 되뇐다. 이 순간, 살아 있다는 것이 얼마나 고귀한 일인가. 바로 그 정신이 내가 이 연적을 애장하는 이유다.

시아버님께서 살아 계실 적 애장품 연적은 아들 대신 며느리에게 물려주신 사연이 각별하였다. 나는 한때 동양화에 심취한 적이 있었는데 연습할 시간이 없어 식구들이 모두 잠든 새벽 틈을 타 혼자 일어나 식탁에서 연습을 하였다.

그것을 가만히 지켜보신 아버님께서 어느 날, “아범보다 연적은 네가 더 필요하겠구나. 오늘부터 네가 간직하고 쓰거라.” 하시며 며느리 사랑을 표현하셨다. 그 배려로 전공도 안 하고 겁 없이 100호를 그려 문하생들과 함께 예술의 전당에서 전시까지 하는 기쁨을 누렸다.

그러나 그것이 마지막이 되었다. 그 오랜 세월을 품은 연적은 오늘날 나에게 습작의 인내와 순간의 열정을 가르쳐 주었다. 사람들은 시간의 의미를 과거나 미래에서 찾는다.

나는 아주 오래된 도자기 하나에서 '지금'을 사랑하는 법을 배웠다. "오늘 나는, 얼마나 진심으로 살았는가." 오늘을 제대로 살아내는 일이야말로 내일을 준비하는 가장 정직한 방법이다.

나는 이 조그마한 청자연적을 통해 배운다. 빛나는 것들은 늘 크지 않았다. 다만 깊었을 뿐이다.

때로는 가장 작고 조용한 것이, 가장 깊고 오래 남는다. 세월을 품은 청자연적에 떨어지는 물방울 하나. 또 하루가 내 마음을 적시며 와닿는다.

다시 은빛 날개를 펴다

한때 '인생은 60부터'라는 말이 위로처럼 들렸다. 젊음이 지나간 후에도 무언가를 꿈꿔도 된다는 희망 섞인 말이었다. 하지만 이제는 그 말이 단지 위로가 아니라, 현실의 선언이 되고 있다. 시니어의 삶은 더 이상 여생이 아니다.

그것은 다시 한번 자기 삶의 첫 장을 넘기는 시간, 오래 묵은 열망에 불을 지피는 계절이다. 나이 들어 손등에 새겨진 주름은 그가 걸어온 길의 기록이다. 세월의 무게를 짊어진 구부정한 허리는 살아온 인생이 쌓은 연륜이며, 그 깊이는 단지 세월의 결과가 아니라 스스로를 다듬어 온 시간의 증거다. 그리고 이제 그 어깨에 다시 날개가 돋는 마법의 시간이 찾아왔다.

바람이 불면 펴기만 하면 된다. 준비는 이미 살아온 시간 속에 충분히 내재되어 있다. 인생의 후반전은 최고의 시간이 아니라 개화의 시간이다. 한평생 타인의 시선에 맞춰 살아온 사람들이 이제는 자신에게 묻는다. '내가 진짜로 원하는 건 무엇인가?' 그 질문 앞에서 우리는 더 이상 머뭇거리지 않는다. 젊음의 충동이 아니라, 성숙한 용기가 우리를 다시 나아가게 한다.

사람들은 말한다. 나이는 숫자에 불과하다고. 그러나 그 숫자 안엔 삶의 무게가 담겨 있다. 그 무게를 버텨온 자에게만 열리는 문이 있다. 그것은 자기 삶에 대한 통찰과 남은 날을 스스로 선택할 수 있는 힘이다. 젊을 땐 흘러가던 시간이, 이제는 선명하게 느껴진다. 한 시간이 소중하고 하루가 절실하다.

그것이 바로 카르페 디엠(Carpe Diem)의 진짜 의미다. 오늘을 사는 것이 내일을 바꾸는 유일한 길이라는 것을. 시니어는 누구보다 잘 안다. 시간은 누구에게나 공평하지 않다. 어떤 이는 병으로, 어떤 이는 처한 환경 탓으로 날개를 다치기도 한다.

그러나 날갯짓은 반드시 높이 나는 것만을 의미하지 않는다. 때론 조용히 펴는 날개 하나가 누군가의 마음을 감싸고, 또 다른 누군가에게 희망이 된다.

그렇게 우리는 서로의 날개가 되어 다시 인생을 시작할 수 있다. 세계 곳곳에서도 시니어들의 빛나는 비상이 이어지고 있다. 일흔이 넘은 나이에 하버드 로스쿨에 입학한 루시 맥카브, 칠순에 패션모델로 데뷔해 파리 런웨이를 당당히 걷는 왕

더훈, 백두 번째 생일을 맞이하여 첫 개인전을 연 일본의 화가 나카무라, 암투 병 중에도 마라톤 풀코스를 완주한 82세의 엘렌모스 그리고 손주와 함께 유튜브 요리 채널을 운영하며 수백만 명의 구독자를 웃게 하는 한국의 85세 할머니까지.

그들은 말한다. “이제야 진짜 나를 살고 있어요.”

그들의 공통점은 단 하나, ‘지금’이라는 시간에 최선을 다하고 있다는 것. 과거를 탓하지 않고 미래를 미루지 않으며, 오늘을 껴안고 있다는 것.

시니어 전성시대는 통계 속 고령화가 아니다. 그것은 삶의 마지막 계단이 아닌, 또 하나의 출발점이다. 우리는 누구나 나이와 관계없이 자기 삶의 주인공이 될 수 있다. 그리고 지금, 그 주인공의 시대가 열리고 있다. 이름도 없이 가족과 사회를 위해 살아온 수많은 이들이 이제야 비로소 자기 이름을 부르며 살아가기 시작하는 시대. 이것이 바로 이제야 은빛 날개를 펼치는 시니어 전성시대다. 늦은 봄에 핀 꽃은 더 짙은 향을 품는다. 그리고 더 오랜 시간 그 자리에 머문다. 나이를 먹는다는 건 사라지는 게 아니라 더 깊어지는 일이다. 청춘의 불꽃이 아니라도 좋다.

성숙한 불빛 하나가 세상을 더 멀리 비추기도 한다. 이제, 두려움 대신 기대를 품고, 자신 있게 고개를 들고 말하자. 나는 아직 피어나지 않은 나의 전성기를 향해 가고 있다. 그것이 곧, 늦게 핀 삶의 꽃을 지지 않고 피워내는 방법이다.

지금, 시니어들은 은빛 날개를 펼치고 있다. 그리고 그 날개는, 늦게 된 만큼 더욱 단단하고 찬란하다. 세월의 바람을 정면으로 마주하며, 주름진 손으로도 여전히 삶의 꽃을 심는 이들에게 경의를 담아 말하고 싶다. 이 시대의 가장 아름다운 비상은 지금 여기에서 시작된다. 그리고 그 주인공은 바로 당신이다. 살아온 날보다 살아갈 날이 적다고 해서, 그 하루가 덜 뜨거울 이유는 없다.

지금 당신의 날갯짓도 누군가에게는 꿈이 되고, 또 누군가에게는 희망이 된다. 그리고 그 모든 삶의 조각들이 모여, 우리 모두의 미래를 조금 더 따뜻하게 물들인다. 그러니 당신의 은빛 날개를 펼쳐라. 이제는 당신이 세상을 감동시킬 차례다.

지난 여름날의 소묘

어린 시절의 여름은 끝없이 푸른 하늘과 드넓은 들판, 비와 바람이 함께 만든 나만의 무한한 놀이터였다. 끝없이 펼쳐진 들판, 쏟아지는 따가운 햇살, 어디선가 불어오는 한 줄기 바람, 그리고 그 안을 자유롭게 흐르던 나.

그 계절의 절정은 고향 마을의 들판과 숲 그리고 좁은 골목길마다 숨 쉬고 있었다. 규칙도 목적도 없이 그저 살아 있음만으로 충만했던 순수한 삶의 원형(原形)이었다.

세상 그 자체가 나를 위한 무대처럼 느껴졌다. 끝도 시작도 없는 하얀 도화지 위에서 나는 작은 두 발로 종횡무진 뛰어다니며 만든 추억으로 가득 채웠다.

작열하는 태양은 그 시절 우리의 스승이었다. 그 뜨거움은 우리에게 인내와 도전을 가르쳤다. 바람에 실려 온 흙내음 속에서 맨발로 꽃과 나비를 쫓아 동산을 뛰놀던 기억, 손끝에 닿는 강아지풀의 보드라운 기억이 되살아났다. 흙냄새와 풀잎의 촉감이 세상의 모든 향기로 다가왔다.

그렇게 우리는 하나하나 이 세상의 감각을 배워 나갔다. 땀방울이 이마를 타고 줄줄 흘러내리던 그 순간, 우리는 그저 후덥지근한 더위를 이겨내려 개울가로 달려갔다. 물에 고개를 처박고 땀을 식히며 흠뻑 젖은 서로의 얼굴과 옷을 보며 깔깔대고 웃었다. 그리고는 누가 먼저랄 것도 없이 앞뒤로 팔을 휘두르며 서로에게 사정없이 물장구질을 퍼부었다. 금세 개울가는 아이들의 웃음소리와 함께 재미난 전쟁터가 되었다.

동전 몇 개를 쥔 손으로 달려간 구멍가게에서 아이스크림을 고르느라 진지하게 고민하던 그 작은 진심. 입안에 퍼지는 차가움에 눈을 찡그리면서도 그 순간이 얼마나 소중하고 황홀한지 몰랐다. 그저 오늘이라는 하루를 전부 살아내는 일에만 온 마음을 쏟았다. 미래를 걱정하지도, 어제를 후회하지도 않는 순수한 생의 감각, 그게 바로 아무것도 가지지 않았지만 모든 것을 가진 어린 시절의 우리였다.

한여름의 자연은 마치 웅장한 오케스트라였다. 한여름의 열기 속에서 힘없이 울어대던 매미 소리는 뜨겁게 타오르는 현악기처럼 울리고 바람이 나뭇잎 사이로 지나가며 플루트의 숨결처럼 남기고 갔다. 강가의 물소리는 저음의 첼로처럼 마음 깊숙이 스며들었고, 해 질 무렵의 석양은 마치 오케스트라의 심장 팀파니(Timpani)처럼 가슴을 쿵쿵 두드렸다. 그때 우리는 그 합주의 한 음표였다.

누군가는 소년으로, 누군가는 소녀로, 저마다의 음색을 품고 한여름의 교향곡 속에 아름다운 선율이 되었다. 나는 그 여름날의 숨넘어가듯 키득거리던 웃음을 기억한다. 골목 어귀에서 숨바꼭질하다 숨이 가빠 나무 그늘에 소리 죽여 숨던 순간, 나뭇잎 사이로 햇살이 별빛처럼 반짝이는 것을 보았다. 동무들과 함께 엄마가 쪼개주던 수박 한 조각을 입에 물고, 팔꿈치까지 흘러내리는 붉은 물을 따라 웃으며, 핥아내던 순간, 풋풋하고 상큼한 수박 향은 향수와 함께 아직도 생생하다. 그 웃음소리들은 바람결에 흩어졌지만, 내 마음의 어디엔가 여전히 맴돌고 있다. 언젠가 그 시절의 나를 불러줄지도 모른다는 희망처럼. 그 시절의 여름은 단순한 계절이 아니었다. 그것은 꿈이었고, 찬란한 가능성이었으며 삶의 본질을 가장 순수하게 경험하던 순간이었다. 우리는 끝없는 호기심의 탐험가였다.

아무리 더워도, 비 오듯 흐르는 땀을 흘리며 온전히 누리고자 했다. 언젠가 이 순간이 돌아오지 않으리라는 걸 몰랐기에, 우리는 그날을 있는 힘껏 살아냈다. 지금 생각해 보면, 그 여름은 우리에게 조용히 속삭이고 있었다.

오늘을 사랑하자, 지금 이 순간을. 그때는 몰랐지만, 그 하루하루는 다시는 오지 않을 보석 같은 순간이었다. 우리는 매일 작은 축제처럼 보냈고, 소소한 일상이 얼마나 큰 기쁨인지 깨닫지 못한 채 세상에서 가장 행복한 아이들이었다.

어른이 된 지금, 나는 그 여름날의 나를 떠올리며 문득 웃음 짓는다. 그때의 해맑음과 순수함이 오늘의 나를 지탱하고 있음을 깨닫는다. 비록 다시 돌아갈 수는 없지만, 그 기억들은 내 안에 영원히 살아 있다. 마음 한구석에 남아 있는 동심이야말로 가장 순수한 나 자신이라는 것을.

나는 오늘도 다짐한다. 지나간 여름의 한 조각처럼, 지금 이 순간을 더 사랑하자고. 내일을 위해 오늘을 유예하지 않겠다고. 그 여름날의 소묘는 이제 나의 마음 한편에 조용히 걸려 있다. 그리고 그 그림 속 소년, 소녀는 여전히 그 여름날의 뜨거운 햇볕 아래 환하게 웃고 있다.

감사의 온도와 무게

사람의 말에는 온도가 있다.

차가운 말로 가슴을 얼리고, 뜨거운 말은 때로는 부담이 되기도 한다. 하지만 딱 사람의 체온, 그보다 아주 조금 따뜻한 말이 있다.

"고마워요."

진심으로 건넨 그 한마디는 가장 이상적인 온도로 마음의 가장자리부터 따뜻함이 스며든다.

감사는 언제나 따뜻하다. 그것은 단순한 말이나 예의가 아니라 존재를 감싸 안는 온도다. 차가운 세상 속에서 누군가의 마음을 데우고 어둠 속에서 길을 밝히는 불씨와 같다.

한 줌의 따스함이 모여 인생의 추위를 견딜 힘이 된다.

그러나 감사에는 무게도 있다.

가볍게 흘려보낼 수 없는 삶의 흔적이 그것이다.

오늘 내가 마시는 한 잔의 물에도 수많은 이들의 손길과 시간이 스며 있고, 내 곁을 스쳐 지나간 사람들의 미소에도 수많은 사연이 배어 있다. 그 무게를 느낄 때, 감사는 단순한 감정이 아니라 나를 겸허하게 낮추고 지금 이 순간을 온전히 붙잡게 하는 힘이 된다.

감사의 온도는 마음을 따뜻하게 하고, 감사의 무게는 삶을 단단하게 한다. 이 둘이 어우러질 때 우리는 비로소 인생의 참된 깊이를 느낄 수 있다.

오래전 일이다. 내가 처음 미국에 왔을 때, 나는 팁 문화가 낯설었던 때가 있었다. 왜 고마움을 굳이 돈으로 표현해야 하나 싶었다. 미국의 팁 문화는 때로는 '감사의 표현'이라는 따뜻한 얼굴을 하고 있지만, 다른 한편으로는 '사회적 의무' 혹은 '강요된 관습'이라는 그림자를 드리운다.

우리는 지금 감사와 고마움이라는 감정이 수치화되고, 자동계산되는 시대에 살고 있다. 대다수 사람은 "좋은 서비스엔 기꺼이 팁을 주지만, 강요되거나 시스템화된 팁 문화에는 불편함을 느낀다."라고 말한다.

음식점 팁 자동 계산기에는 20%. 20% 팁을 주는 고객은 "나는 선한 사람", 25% 팁퍼(Tipper)는 "나는 매우 착한 사람", 30% 팁퍼는 "나는 마더 테레사", 팁을 안 주면 "지옥에나 가라"라는 멘트가 뜬다는 유머가 있다.

음식점 계산기마저 팁에 공격적이라는 우스갯소리다.

팁은 단순한 금전이 아니다. 타인과의 거리, 나 자신의 여유, 사회적 책임 그리고 존중의 상징까지 담긴 복합체이다. 팁이라는 건 식탁 위에 놓고 가는 적은 돈이 아니라 그날 내가 받은 친절에 대한 마음의 인사일지도 모른다. 때로는 감사가, 때로는 미안함이, 또 어떤 날은 말로 전하지 못한 따뜻한 말 하나가 그 조용한 지갑에서 흘러나온다.

누군가를 위한 '작은 배려'가 어떤 이의 오늘을 지탱할 수 있다면, 우리가 놓고 간 그 마음은 분명 돈보다 더 오래 남을 것이다.

감사와 고마움은 숫자가 아니라, 마음을 놓고 가는 자리이며 사람에게 닿는 진심이기 때문이다.

감사의 온도란, 누군가를 위한 마음이 머문 온도이며, 감사의 무게란 그 온도를 잊지 않고 오래 기억하는 마음의 깊이라는 것이다.

우리는 살아가며 많은 것을 잃고 또 얻는다. 그러나 누군가에게 받은 고마움은 잊으려 해도 좀처럼 사라지지 않는다. 그것은 나를 사람답게 만들었고, 내가 세상을 다시 믿게 만든 작은 기적이었다.

독일 철학자 니체는 말했다. "감사는 기억의 또 다른 이름이다." 나는 감히 덧붙이고 싶다. 감사는 또 다른 시간이다.

내가 누군가의 따뜻함 속에 잠시 쉬어갔던 시간 그리고 언젠가 누군가 내 품에서 쉬어가길 바라며 되돌려 주고 싶은 시간.

오늘 나는 고마움을 미루지 않기로 한다. 누구에게나 잊히는 사람이기 전에, 누군가에게 기억되는 따뜻한 마음이기를 바라며. 감사의 온도는 말보다 먼저 다가오고 감사의 무게는 세월보다 더 오래 남는다. 그러니 오늘이 다 가기 전에 이 잔잔한 문장을 당신에게 전하고 싶다.

"고맙습니다. 당신이 있어, 이 하루는 참으로 따뜻했습니다."

그날의 감사는 마음 깊은 곳에서 서서히 퍼져 내 삶 전체를 데우고 있었다는 것을.

감사의 '온도'는 바로 그 순간의 온기였고 감사의 '무게'는 그 잊히지 않는 기억의 울림이었다.

그렇기에 감사는 '지금'이라는 순간에 뿌리를 두고 자란다. 오늘의 작은 일에도 마음을 기울일 때, 삶은 그저 흘러가는 시간이 아니라 가득 찬 선물이 된다.

눈을 뜨고 숨을 쉴 수 있음에, 사랑하는 사람의 목소리를 들을 수 있음에, 나를 필요로 하는 일이 아직 남아 있음에…. 나는 감사한다.

크고 특별한 일이 아니어도 좋다. 하루의 찬란함은 오히려 소소한 순간 속에 깃들어 있다. 그 마음을 놓치지 않고 살아갈 때, 인생은 더 깊고 단단해지고, 우리는 비로소 매 순간을 감사하고 사랑하는 법을 배운다.

그 여름,
맨발의 천사들은

대학 시절, 나는 여름방학을 '쉼'이 아니라 '떠남'으로 채우기로 했다.

낯선 땅, 캄보디아 오지 마을로 습하고 뜨거운 그 땅은 낯설지만, 오래전부터 나를 기다렸다는 듯 환영했다. 오지의 마을 사람들은 순수하고 따뜻했다.

우리는 그곳에 학교를 세우기 위해 갔다. 나는 건축을 전공하지도 않았고 손재주가 좋은 편도 아니었다. 하지만 망치 하나, 못 하나 흙과 목재들을 나르고 모래를 펴 나르며 흙먼지를 뒤집어쓰는 일이 이상하게도 자존감처럼 느껴졌다.

작은 잔심부름도 누군가에겐 '배움의 집'을 짓는 일이었다. 무너져 가던 벽을 다시 세우는 게 아니라, 아이들의 내일을 세우고 있다는 걸 그곳에서 처음 깨달았다.

오후가 되면 우리는 아이들과 마을 사람들을 모아 선교 활동을 했다. 선교사님들의 수고와 헌신을 보며 자기의 모든 것을 기꺼이 내놓고 봉사하는 것을 보니 절로 고개가 숙어졌다.

말은 통하지 않았지만, 웃음은 그 어떤 통역보다 마음의 소통이 빨랐다. 그곳 선교사님과 함께 찬양을 부르고, 그림을 가르치고, 옛이야기를 나누는 그 시간 속에서 나는 한국에서 느끼지 못했던 '살아 있음의 기쁨'을 마주했다.

아이들은 맨발이었다. 그러나 그 맨발은 어느 누구보다 당당하고, 해맑고 강했다. 그들은 가진 것이 없었지만 가족이 곁에 있다는 이유 하나만으로 웃었고, 눈을 맞추면 먼저 손을 내밀 줄 아는 천사 같은 아이들이었다.

그리움과 같은 순간들이 쌓여 캄보디아는 어느새 내 마음의 고향이 되었다. 힘들고 지쳐 울컥하던 밤도 있었지만 아이들이 불러준 내 이름 한마디에, 작은 손으로 쥐여 준 과일 한 조각에 모든 수고는 사명처럼 바뀌어 갔다. 그런데 그때는 몰랐다. 그 여름이 마지막이 될 줄은. 더 자주 가고, 더 오래 머물 거라 생각했지만 모든 일에는 때가 있었고, 지금 이 순간이 얼마나 소중한지 일깨우게 되었다. 그 시간은 조용히, 그러나 단단하게 내 인생의 한줄기를 바꾸어 놓았다.

지금도 나는 때때로 그 맨발의 아이들을 떠올린다. 희망이 무엇인지, 가르쳐준 아이들. 가난 속에서도 밝고, 서로 나눌 줄 알고, 작은 사랑에도 눈이 반짝이던 사람들. 그래서 나는 감히 말하고 싶다. 젊은 날 망설이지 말고 떠나라고 가보지 않은 땅에 발을 디디고 해보지 않은 일에 손을 담그며 누군가의 하루에 불을 밝히는 사람이 되라고.

그 여름, 나는 누군가 세상을 돕는 사람이 아니라 세상이 나를 가르치는 제자가 되어 돌아왔다. 그리고 그 가르침은 지금도 내 삶의 방향을 잃을 때마다 나를 일으켜 세운다.

2

어제의 꿈, 내일의 빛

행복은 다른 곳이 아닌 이곳에서…
다른 시간이 아닌 바로 지금 이 시간에 있다.
- 월트 휘트먼

맛과 멋의 소회

나는 인생의 여러 가지 중에서 결코 포기할 수 없는 것이 있다. 그것은 바로 맛과 멋이다.

보면 서로 글씨체도 생김새도 유사하다. 이 둘의 조합을 보면 물과 고기 같은 수어지교다. 같이 어울릴 때 더욱 빛이 나고 그 가치를 더한다.

음식을 맛깔나게 하고 거기에 슬쩍 멋을 내는 행위는 단순히 생존을 위한 것을 넘어서 삶과 문화의 밀접한 관련을 맺는다. 맛과 멋은 단순한 감각의 만족이 아니라, 맛은 혀끝에서 피어나는 기억이라면, 멋은 눈앞에 펼쳐지는 감각의 조화다.

나는 일상에서 삶에 지치고 힘들 때마다 나만의 방법으로 그 상황들을 이겨내려 애쓴다. 그중에 스트레스를

줄이고 에너지를 충전하기 위하여 빼놓을 수 없는 것이 먹는 즐거움이다. 나를 위하여 그때만큼은 통 큰 투자를 한다.

한번은 퓨전음식점으로 유명한 맛집을 찾아간 적이 있다. 국적이 따로 없는 다양한 음식재료와 조리방법이 혼합된 음식으로 젊은 층의 감성을 자극해 인기를 끌고 있다.

먼저 내어놓는 그릇에 담긴 음식의 다채로운 세팅, 장식에서 눈길을 사로잡는다. 기존의 잘 알려진 레시피(recipe)에 새로운 방법으로 개발하고 요리하여 보기에도 새롭고 신선한 느낌은 있었다. 맛도 처음이라 반신반의했는데 나름대로 꽤 괜찮았다. 이국적인 향신료는 낯선 세계의 맛을 경험하게 해 주었다.

요즈음 미디어 문화 속에서 먹방(먹는 방송의 약자)이 만연하다 보니 우리 사회에 끼치는 영향 또한 지대한 것 같다. 어느새 나도 맛집을 찾게 되는데 유명 맛집이라고 해서 다 겉과 속이 알찬 것도 아니다. 소문난 집에 먹을 것 없다는 이야기도 나오고 보기보다 가성 대비 푸짐하고 알차다는 집도 있다.

그러나 나는 지금까지 여러 가지 맛본 것 중에서 가장 인상 깊은 것은 우연한 기회에 강원도 영월의 산골 마을에서 접해 본 자연밥상이다. 내가 찾아간 그 시기의 산골 마을은 이미 성큼 다가온 초여름이다. 아쉬워 머뭇거리는 늦봄을 밀어내고 산들바람을 일렁이며, 산 전체를 초록빛으로 물들이고 있었다. 경관이 마치 한 폭의 산수화를 보는 듯 수려하였다.

여기에 터전을 잡아 친환경의 농사를 짓고 오골계, 흑염소를 방목하며 자연에서 나는 식자재들로 음식의 맛과 멋을 내었다. 질그릇에 무심히 담아낸 듯 보였으나 이즈음 피어나는 꽃가지와 솔잎, 연잎, 호박꽃잎 등으로 멋을 낸 음식마다 정성을 들였다.

시골스러운 정감이 물씬 묻어났다. 음식 또한 정갈하고 하나 같이 맛깔스러웠다. 시간과 정성이 많이 들어가는 흑임자 두부, 메밀묵, 시중에서 보기 힘든 산나물, 몸에 좋다는 약선 요리며 사람이 만든 꿀이라는 은은한 단맛의 조청까지 손수 만들어 내어 귀한 음식들로 한상 가득하였다. 고유의 깊은 감칠맛 속에서 정성과 기다림을 배운다. 자연과 가까이 호흡하며 눈으로 보고 느끼니 참으로 오감이 만족하는 건강하고 행복한 밥상이었다.

나도 옛사람이어서인가. 한국의 역사와 문화가 담긴 토속적인 음식을 대할 때마다 옛 고향 집 어머니의 손맛이 그리워지고 가족의 사랑과 애환이 담긴 그 시절의 집밥을 떠올리게 한다.

문득, 눈을 들어 주위를 둘러보니 흐드러지게 핀 산유화, 이름 모를 텃새의 청아한 지저귐 소리, 흐르는 냇물 소리가 어우러져 마음 깊숙한 곳의 향수를 불러일으켰다.

"맛과 멋은 삶의 시(詩)다."

한 모금의 차에서 느껴지는 은은한 향은 마치 오래된 시 한

구절처럼 마음을 적신다. 접시 위에 펼쳐진 색과 형태는, 화가의 붓끝에서 탄생한 한 폭의 그림과도 같다.

맛은 기억을 불러일으키고 멋은 그 기억에 색을 입힌다. 우리는 맛과 멋을 통해 일상의 평범함 속에서 특별함을 발견하고, 그 속에서 삶의 의미를 되새긴다. 맛과 멋은 단순한 감각이 아니라, 우리 존재의 깊은 곳을 울리는 감성의 언어이자 철학이다.

맛과 멋이란 세월이 흐를수록 더욱 빛을 발하는 한낱 외형적 아름다움이 아닌 개성과 절제와 균형의 미학이다. 우리의 감각을 뛰어넘은 존재의 의미를 더욱 깊이 완성하는 또 하나의 언어가 아닐까.

비 오는 날의 소나타

툭툭 투드득….

빗방울이 지붕을 두드리는 소리가 어딘지 모르게 낯익다 싶었는데, 그건 아마도 내가 즐겨 듣던 소나타의 첫마디와 닮아 있었다.

감정을 눌러 담은 듯한 시작, 그리움이 스며든 전개, 그리고 마침내 눈물이 되어 흘러내리는 피날레. 비 오는 날이면 어김없이 찾아오는 이 감정의 선율은, 내 삶 속 가장 순수했던 순간들의 잔향일 것이다.

비는 기억을 부른다.

그 기억은 늘 차분한 침묵을 타고 와, 언제나 말없이 나를 한자리로 데려다 놓는다. 창가에 앉아 우두커니 빗방울 떨어지는 소리를 듣고 있으면 하나씩 내 안의 기억들이 깨어난다.

누군가를 향한 짝사랑의 설렘, 비닐우산을 머리에 쓰고 벗 삼아 걸었던 오래된 그 골목길. 하늘도 젖고 마음도 젖던 그 때. 돌아갈 수 없기에 더 아름다운 그 모든 시간들. 그것들은 사라진 게 아니라, 오히려 내 안에 고요히 살아남아 있었다.

음악이 그렇듯 삶도 결국엔 각자의 템포와 리듬으로 구성된 하나의 긴 곡이다. 누군가는 빠른 템포로 질주하고 누군가는 느린 안단테로 살아간다. 어쩌면 우린 모두, 자신의 인생이라는 악보를 손에 쥐고 때로는 틀리고, 때로는 다시 반복하며 불완전한 연주를 완성해 가는 존재일지도 모른다.

비 오는 날의 소나타는 말한다. '멈춰도 괜찮아. 오늘 하루는, 그저 지금 이 순간을 살아도 돼' 음악에도 쉼표가 있듯, 삶에도 잠시 멈추는 순간이 필요하다. 조금은 안단테로 살아도 좋은 날.

빗줄기를 하염없이 바라보며 아무 말 없이 머무는 시간, 그 안에야말로 우리가 종종 잊고 사는 삶의 숨결이 있다. 바쁜 일상에 밀려 무뎌진 감각들을 하나씩 깨워주는 조용한 각성, 그것이 바로 비가 우리에게 선사하는 작지만 단단한 선율의 선물이다.

나는 문득, 살아간다는 건 반드시 무언가를 이루거나 남기는 것이 아니라 지금, 이 순간 내 곁에 있는 이들과 눈을 마주치고 따뜻한 말을 건네고, 그저 함께 비를 바라보는 것만으로도 아름답고 충만하다는 걸 깨닫는다.

빅터 휴고(Victor Hugo)는 "음악은 말로 표현할 수 없고, 침묵할 수도 없는 것을 표현한다."라고 하였다. 그리고 오늘 비는 또 하나의 진실을 가르쳐 주었다. 우리는 반드시 반복되는 날들 속에서도, 단 한 번뿐인 시간을 살아가고 있다는 것.

지금의 나를 연주하라. 흠 없이 완벽하지 않아도 괜찮다. 느리게 흘러도 좋고, 한 음을 놓쳐도 좋다. 중요한 건 마음을 다해 연주하는 것이다. 삶은 음악이자 기도이고, 오늘은 그중 가장 고요하고 순수한 악장이다.

그러니 이제, 이 하루를 내 생의 가장 찬란한 선율로 남기고 싶다. 비 오는 날의 창가에서, 세상의 소음은 멀어지고, 마음은 더 가까이 다가오는 지금 이 순간 이 짧고도 영원한 악장을 위해 나는 온 마음을 다해 연주한다. 그리고 다짐한다.

오늘을 사랑하자. 이 순간을 온전히 살아내자. 그것이 내 삶의 소나타가 될 것이기에.

AI시대, 인간존재의 이유

세상은 오래 살고 볼 일이다.

21세기 기술의 발전으로 인해 우리의 일상생활이 크게 변화하고 있다. 특히 인공지능(A1)과의 상호작용은 우리의 삶에 점차 더 녹아 들어가 새로운 차원을 열어주고 있다. 옛 선조들이 오늘날을 보면 참으로 세월의 격세지감을 느낄 것이다.

우리는 지금, 이 순간 인간의 역사에서 가장 혁명적 시대의 거대한 변곡점 위에 서 있다. AI는 이제 단순한 도구를 넘어 우리의 삶과 사고방식을 변화시키고 있다.

마치 인간이 기계에게 자리를 내어주는 것처럼 보일 때도 있다. AI가 우리 삶 깊숙이 스며든 지금, 인간은 어디로 가야 하는가? 기계가 인간을 뛰어넘는 것처럼 보이는 이 시대를 우리는 어떤 길을 걸어야 할까. 이 질문은 단순한 기술의 발전이 아니라 인간의 존재에 대한 근본적 성찰을 요구한다.

우리는 더 편리한 세상을 만들기 위해서 개발했지만 때때로 그것이 우리 존재의 의미를 흔들어 놓는 것처럼 느껴진다. 기계가 우리의 일자리를 대신하고, 인간보다 정교하게 글을 쓰고, 예술을 창조하며, 심지어 감정을 흉내 내는 시대. 우리는 여전히 인간이, 만물의 영장인 특별한 존재인가?

그러나 나는 믿는다. 인간이 AI보다 뛰어난 점은 '공감'과 '의미'에 있다. AI는 데이터를 바탕으로 최적의 답을 도출할 수 있지만, 인간처럼 타인의 아픔에 가슴 아파하며 함께 울어줄 수는 없다. AI는 시를 쓸 수 있지만, 사랑하는 이를 떠올리며 떨리는 손으로 편지를 쓰는 그 간절함을 가질 수 없다.

인간만이 할 수 있는 일들, 인간만이 느낄 수 있는 감정들을 더 소중히 여겨야 한다. AI를 단순한 도구로 받아들이되 AI만의 가치를 놓치지 말아야 한다. AI는 우리를 위협하는 존재가 아니라, 더 나은 삶을 위한 도구다. 하지만 그 도구를 어떻게 활용할지는 오롯이 인간의 몫이다.

감정을 이해하고, 공감하고, 사랑하는 것은 AI가 대체할 수 없는 인간만의 영역이다. 우리는 AI가 대체할 수 없는 감정과 관계 그리고 더불어 함께 살아가는 것의 가치를 더욱 깊이 새겨야 한다. 중요한 것은 AI와 인간이 조화를 이루며 상생하는 길을 찾는 것이다. AI가 사람보다 더 효율적인 세상이 되면, 우리는 어떤 존재가 되어야 할까?

더 이상 단순한 노동이나, AI와 경쟁할 수 없다면 인간은 살아가야 할 방법을 찾아야 한다. 즉, '인간만이 할 수 있는 일'을 찾아야 한다. 창의력, 공감, 직관 그리고 상상력, 우리는 AI를 도구 삼아 더 위대한 것을 만들어야 한다고 생각한다.

우리는 AI에게 우리의 삶을 맡기는 것이 아니라, AI를 통해 인간의 가능성을 확장해야 한다. 마치 산업혁명이 인간을 더 강하게 만들었듯 AI혁명 또한 마찬가지다. 인간은 단순한 기능을 수행하는 존재가 아니다.

우리는 의미를 창조하고, 감정을 나누고, 이야기를 만들어 낸다. 우리는 예측할 수 없는 사고를 하고 논리로 설명할 수 없는 감동을 느낀다. AI시대에 인간이 해야 할 일은 바로 이러한 '인간다움'을 확장하는 것이다.

우리의 인생은 수학 공식처럼 흘러가지 않는다. 사랑과 우정, 예술과 감동은 논리적으로 계산할 수 있는 것이 아니다.

인간이 가진 가장 큰 힘은 바로 '순간'을 창조하는 능력에 있다. 우리는 즉흥적으로 악기를 연주하고, 아무 계획 없이 떠난 여행에서 삶의 전환점을 맞이하며, 예상치 못한 만남 속에서 인생의 중요한 가치를 배운다. 우리는 AI시대를 두려워할 필요가 없다.

오히려 AI시대야말로 인간이 인간답게 살 수 있는 시대라고 받아들여야 한다. 기계가 대체할 수 없는 것, 그것은 순간의 감각, 현재를 온전히 살아가는 태도 그리고 인간만이 창조할 수 있는 의미다.

우리는 AI보다 빠를 필요도, 정확할 필요도 없다. 대신, AI가 할 수 없는 방식으로 삶을 살아야 한다. 인공지능(AI)시대 우리의 행복추구는 이제 더 넓은 영역에서 공유하며 함께 공감하는 시대가 되었다. 한 번쯤 인공지능 기기를 생활 속에 사용하거나, 최첨단의 기계를 마주해본 경험이 있다면 묘한 감정을 느낀 적이 있을 것이다. 우리는 기계의 알고리즘으로 만들어진 또 하나의 존재를 마주하면서 때로는 자신의 내면까지 들여다보는 듯한 착각에 빠진다. 그러나 감정의 진정성을 모르는 AI에게 나의 인간다움을 놓치고 싶지 않다.

AI의 눈부신 성장을 지켜보면서 때로는 두려움과 호기심, 기대가 얽혀 있는 것도 사실이다. 끊임없이 진화하는 미래의 인공지능으로 이 세상이 어떻게 변화하고 달라질까? 누가 보내지 않아도, 떠나고 싶지 않아도, 머지않아 우리 세대는 시대의 뒤안길로 사라질 것이다.

지금의 청소년과 MZ세대를 지나 알파세대에는 끊임없이 진화하는 미래의 인공지능시대와 놀라운 우주시대가 도래할 것이다.

AI시대 미래를 꽃피울 신세대들에게 지금까지 이어온 구세대의 끊임없는 연구와 노력이 보다 나은 세상을 이어주는 가

교로 기억되었으면 하는 바람이다. 우리 시대 사랑받는 작가 파울로 코엘료는 "과거는 항상 현재의 밑거름이 되며 현재는 미래의 출발점이다."라고 하였다.

AI시대에도 변하지 않는 진리가 있다. 지금, 이 순간 현재를 살아가는 당신이 사랑하는 일을 하며 의미 있다고 느끼는 순간을 놓치지 말고 충만하게 누리며 즐기라는 것이다.

끝내 '인간다움'을 지키는 것이야말로 우리 존재의 이유이며 그 본분을 잊지 않는 것이 곧 삶의 품격이다.

어제의 꿈, 내일의 빛

책상 서랍을 정리하다가 우연히 한 장의 종이를 발견했다. 낡은 다이어리에서 찢겨 나온 듯한 그 종이 위에는 빼곡하게 글자들이 적혀 있었다. 자세히 들여다보니 작년 이맘때 내가 정성스레 써 둔 새해 다짐 목록이었다.

나는 조심스럽게 종이를 펼쳐 한 줄 한 줄 읽어 내려가며 문득 이런 생각이 들었다. 이렇게 간절히 품고 적었던 다짐들은 지금 다 어디로 사라져 버린 걸까?

순간, 지난해 새해 첫날 아침에 설레는 마음으로 이 목표들을 써 내려가던 내 모습이 떠올랐다. 그때는 모든 것이 분명하고 빛나 보였다. 하지만 1년이 지난 지금, 그때 그렇게 뜨겁게 품었던 다짐들의 흔적은 희미하기만 하다.

새해가 밝아올 때면 나는 늘 가슴이 뛰곤 했다. 카운트다운

이 끝나고 맞이하는 1월 1일의 첫 아침. 창밖에는 차가운 겨울 공기가 감돌았지만 내 마음속에는 따뜻한 기대와 설렘이 피어 올랐다.

그 설렘 속에서 나는 새로운 다짐들을 한 글자, 한 글자 노트에 적어 내려갔다. 더 나은 내가 되겠다는 약속, 오랫동안 품어온 꿈에 한발 다가가겠다는 결심, 소중한 사람들에게 더 잘하겠다는 다짐 등…. 새하얀 새해의 시작에 어울리는 크고 작은 목표들이었다.

그 순간만큼은 모든 것이 가능해 보였다. 새해라는 시간의 문턱 앞에서 나는 마치 새로운 삶을 선물 받은 듯한 기분이 들었다. 어제까지의 실수와 아쉬움은 지난해에 묻어두고, 눈앞에 펼쳐진 365일은 무한한 잠재력으로 가득 차 있었다.

나는 펜을 쥔 손에 힘을 주며 마음속 불씨를 키웠다. 적어 내려간 약속의 말은 하나하나가 내 안에서 뜨거운 빛으로 타올랐다. 그때의 나는 진심으로 믿었다. 이번에는 정말 이룰 수 있을 거라고.

올해의 끝자락에서 분명 달라져 있을 거라고 그러나 거창했던 시작은 생각보다 오래가지 못했다. 새해 첫 달의 며칠 동안은 다이어리에 적어둔 계획표대로 부지런히 움직였다. 매일 아침 일찍 일어나 상쾌한 새벽 공기를 마시며 동네를 한 바퀴 달렸고, 저녁에는 피곤한 몸을 이끌고 책상 앞에 앉아 독서도 잊지 않았다.

하지만 일상의 바쁜 흐름은 금세 나를 원래의 자리로 돌려놓았다. 피곤하다는 이유로 하루 이틀 다짐을 미루기 시작했고, '내일부터 다시 열심히 하자'며 스스로를 달래는 날들이 쌓여 갔다.

그렇게 한 주가 지나고 한 달이 지나면서, 점차 처음의 열정을 잊고 평소와 다름없는 생활에 파묻혀버렸다. 나의 다짐들은 드라마틱하게 무너진 것이 아니었다. 그저 아주 조용하고 서서히 희미해졌을 뿐이다. 마치 해가 뜨면 어느새 사라지는 새벽 안개처럼 혹은 해변 모래 위에 적은 글씨가 밀려오는 파도에 서서히 지워지듯, 내 결심들도 일상의 파도 속에 자취를 감추었다.

뜨겁게 타오르던 마음속 불씨는 현실의 찬바람에 조금씩 흔들렸고, 나는 언제 그 불꽃이 작아졌는지조차 알아채지 못했다. 어느 날 문득 돌아보니, 새해에 적었던 목표들은 머릿속에서 먼지처럼 흩어져 있었다. 그렇게 봄이 오고 여름이 지나 가을이 찾아와도, 나는 그저 바쁜 일상을 달려왔을 뿐이었다.

한때는 눈부신 결실을 맺을 것만 같았던 나의 다짐들은 마음 한구석에 가라앉은 채 조용히 잠들어 있었다. 그리고 마침내 겨울이 오자, 나는 또 한 해의 끝자락에 서 있었다. 실감난다. 달력을 넘기니 숫자들이 훌쩍 지나가 버린 것이 결국 내 결심도 '작심삼일'이었나 하고 혼자 씁쓸히 웃어보지만, 그 웃음 속에는 지워지지 않는 아쉬움이 배어 있었다.

1월의 다짐으로 가득 찼던 페이지들은 이미 먼 과거가 되었고 나는 그사이를 정신없이 뛰어 지나온 셈이다. 새해에 세웠던 목표들을 하나씩 다시 들여다보며, 나는 조용히 중얼거린다. '그땐 저런 생각을 했었지.' 이루지 못한 약속 앞에서 마음 한편이 쓰리게 저며 온다. 종이 위에 또렷하게 적혀 있는 약속들이 정작 현실 속 내 삶에서는 흔적조차 남기지 않았다는 사실에 마음 아팠다.

시간은 어김없이 흐르고, 그 흐름 속에서 나의 열정과 다짐도 함께 흘러가 버렸다. 하루하루는 분명 길게 느껴졌는데 돌이켜보면 일 년은 순식간이었다.

나는 스스로에게 묻는다. 애초에 왜 그렇게 많은 꿈과 목표를 품었던 걸까. 그리고 왜 그 불씨를 끝까지 지켜내지 못했던 걸까. 지나간 시간을 떠올릴수록 아쉬움이 밀려들지만, 그 아쉬움 속에는 작년 이맘때 내 가슴을 가득 채웠던 순수한 열망의 흔적이 담겨 있기에 더더욱 마음이 저릿했다.

그럼에도 불구하고 나는 알게, 모르게 다시 꿈을 꾸고 있었다. 해가 바뀌어 새로운 1월이 다가오면 마음 한구석에서 다시 작은 불빛이 반짝이기 시작한다. 이루지 못한 채로 남겨둔 꿈들이지만, 그것들이 완전히 사라져 버린 것은 아니라는 걸 느낀다. 오히려 그 아쉬움의 흔적들은 내 안에서 다시금 용기를 불어넣는 씨앗이 된다. '이번에는 다를 거야' 마음속에서 되살아난다. 조용히 속삭이는 희망의 소리가.

'나는 아직도 꿈을 꾸고 있다.'

인간은 어쩌면 끊임없이 넘어지면서도 다시 일어서는 존재인지 모른다. 아기가 넘어지고 또 일어서며 비로소 걸음마를 배우듯이, 우리 역시 수많은 시행착오를 겪으며 조금씩 앞으로 나아가는지도 모른다. 지난날의 실패와 잊힘에도 불구하고, 새로운 시작 앞에서는 또다시 설레는 가슴으로 미래를 그려본다.

비록 몇 번이고 같은 다짐을 반복하는 스스로가 때로는 우습게 느껴질지라도 그런 나 자신이 싫지만은 않다. 그것은 아직 내가 성장하고 변화하기를 포기하지 않았다는 증거일 테니까. 매년 새해가 되면 우리는 다시 마음을 다잡고, 한번 접었던 꿈을 펼쳐 들고 더 나은 나를 향해 조용히 걸음을 내딛는다.

나는 책상 서랍에서 찾아낸 작년의 다짐 목록을 고이 접어 일기장 사이에 끼워 넣었다. 그리고 새로운 빈 페이지를 펼쳐 천천히 펜을 들어본다. 머뭇거리는 손끝 아래로 다시 한 줄의 다짐이 적혀 내려간다. 아주 소박하고 작은 한 문장이지만, 내일의 나를 밝히는 또 하나의 등불이 되어 줄 것이다. 이렇게 나는 또 한 번 나 자신과 약속을 한다. 비록 그 약속이 작년처럼 희미해지는 날이 오더라도, 나는 꿈꾸고 다시 도전하기를 멈추지 않을 것이다. 사라져 버린 줄 알았던 꿈들은 사실 내 안에서 조용히 숨 쉬고 있었다. 그리고 내가 다시 손을 내밀어 주기만을 기다리고 있었던 것이다.

나의 안식처,
Heavenly place

어릴 적 나는 아늑한 곳이면 자주 숨어들었다.

이불 속, 서랍장, 다락방, 혹은 방 한쪽의 햇살 들던 구석, 거긴 늘 따뜻했다. 바람의 소리도, 엄마의 발소리도 그곳에서는 잠잠히 물결처럼 지나갔다. 어릴 적 나는 그것이 놀이인 줄 알았다.

하지만 지금 생각하면 본능이었다. 그곳은 말하자면, 아무도 닿을 수 없는 나만의 세계였고 나라는 존재가 비로소 가벼워지던 장소였다. 그 시절 나는 몰랐다.

공간에 '이름'이 있다는 것을. '퀘렌시아(Querencia)' 스페인어로 '마음이 기꺼이 향하는 곳'을 뜻한다. 투우장에서 격렬한 싸움을 이어가던 소는 어느 순간 본능적으로 가장 편안함을 느끼는 자리를 찾는다. 그곳은 단순한 위치가 아니라, 소가 자

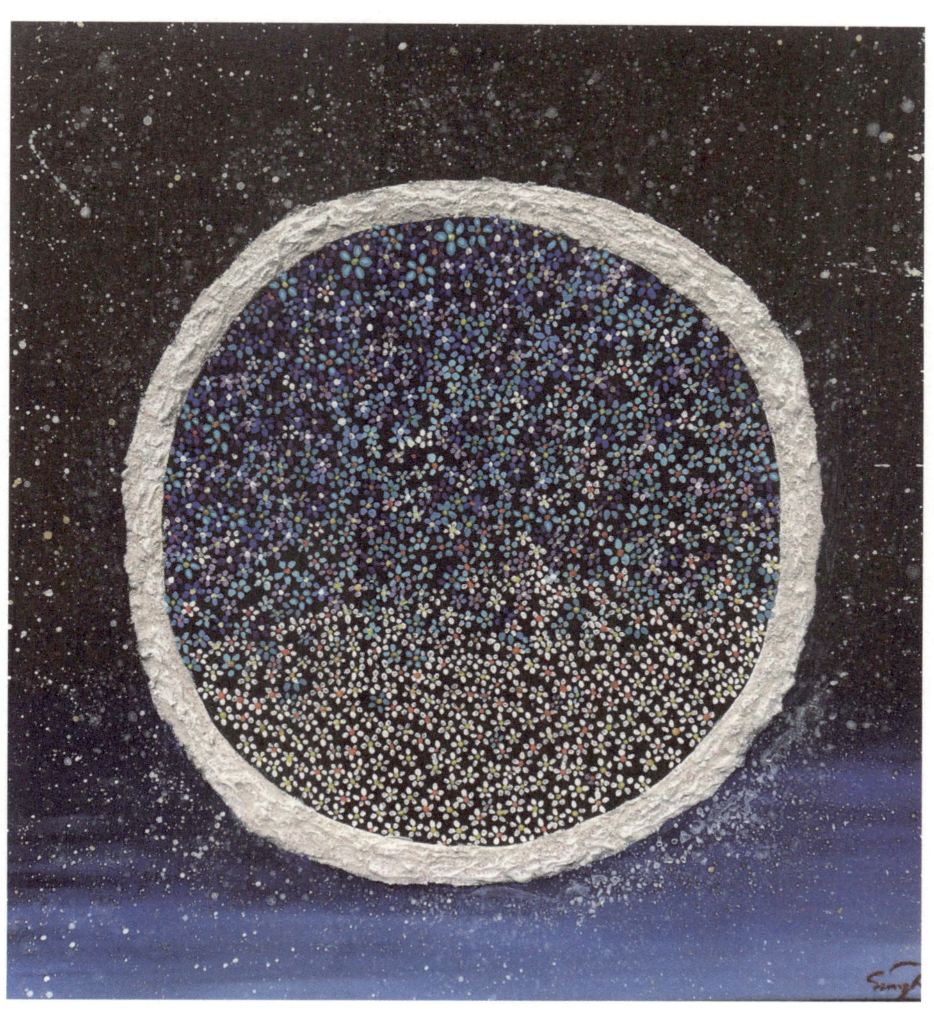

신의 존재를 회복하고, 마지막 힘을 모으는 곳이다.

누군가에겐 그저 투우의 기술적 장면일지 모르지만, 나에겐 그 한순간이 깊은 울림을 준다. 투우장에서 소가 피투성이가 된 채 자신의 퀘렌시아로 물러서는 것처럼 우리 삶에도 반드시 그런 순간이 필요하다. 치열한 일상 한복판에서 나를 되찾기 위한 물러섬, 그것은 패배가 아니라 존재를 회복하는 시간이다.

우리의 삶은 어쩌면 매일의 싸움이다. 보이지 않는 검은 망토가 우리를 몰아세우고 고요한 인식을 허락하지 않는 일상의 맹렬함 속에서 우리 스스로의 '퀘렌시아'를 찾아야만 한다.

화려한 겉모습, 인정받기 위한 무한경쟁 속에서 진짜 나를 잊고 살아간다. 그러다 문득, 공허함이 몰려올 때 우리 마음은 조용히 자신의 퀘렌시아를 찾아간다.

누군가는 음악 속에서, 혹자는 밤길을 걷는 고요함 속에서, 혹은 어떤 이는 향이 그윽한 찻잔의 따뜻함 속에서 자신만의 안식처를 찾는다. 나에게 그곳은 작은 창밖으로 햇살이 스며드는 아침의 책상, 정리되지 않은 단어들로 가득한 글의 초안 그리고 무엇보다 내가 스스로를 마음 편히 놓을 수 있는 공간이다.

그곳에서는 아무것도 입증할 필요가 없다. 잘하지 않아도, 다 알지 않아도, 무언가가 되지 않아도 괜찮다. 그저 나로 살아 있다는 것만으로도 충분하다. 그런 세상 그 어디에서도 허락받기 어려운 감성이다. 그래서 퀘렌시아는 단순한 공간이 아니라 철학이다.

삶의 소용돌이 속에서 나를 잃지 않기 위한 존재의 쉼표, 존엄의 기점, 그리고 사랑 장소다. 내가 바라는 삶은 그리 크지 않다. 바로 나만의 안식처 Heavenly place이다. 그것은 장소가 아닐 수도 있다.

하루 10분의 고요함일 수도 있고, 나를 믿어주는 한 사람의 눈빛일 수도 있다. 혹은 내 안의 가장 깊고 잔잔한 의지일 수도 있다. 세상은 우리를 무수한 전장으로 이끈다. 때로는 나를 향한 전투가 가장 치열하다. 그런 우리에게 퀘렌시아는 필수가 된다. 삶을 다시 껴안기 위한 전제이자, 존재를 온전히 회복하기 위한 시작점.

당신에게도 묻고 싶다. 당신은 지금 어디에서 숨을 고르고 있는가? 당신의 퀘렌시아 당신의 Heavenly place는 어디에 있는가?

만약 아직 없다면, 오늘부터 하나 만들어 보자. 나의 퀘렌시아, Heavenly place. 당신을 있는 그대로 안아주는 그곳에서…. 지친 나를 회복시키고, 평안과 안식을 얻도록 내가 살아내는 이유는 그곳이 존재하기 때문이다. 나의 안식처, 나만의 Heavenly place이다. 나는 이제야 깨닫는다.

삶은 앞으로만 가는 것이 아니며 오히려 진정한 삶은 잠시 멈추는 그 찰나에 존재한다는 것을. 그 '멈춤'은 단순한 휴식이 아니다. 자신을 다시 바라보는 시간. 이름 없이 지내온 하루의 의미를 붙잡고 아무에게도 보이지 않는 상처를 조용히 어루만지는 시간이다.

그 시간이 있어야만 다시 걸을 수 있다. 우리는 종종 너무 멀리 있는 꿈을 좇는다. 그래서 발밑에 피어난 오늘의 햇살을 보지 못한다. 카르페디엠, '지금 이 순간을 살아라'는 말이 멋진 인생 슬로건이 아니라 사실은 가장 절실한 삶의 기초 문장이란 걸 살아가며 더 깊이 실감하게 된다. 그렇기에 지금 나의 퀘렌시아는 거창한 장소가 아니다. 문득 마주한 눈 부신 햇살.

바쁜 하루 중 건네받은 따뜻한 말 한마디. 조용히 내 마음을 채워주는 문장 하나. 그 모든 것이 나에게 Heavenly place가 된다. 삶은 위대한 완성이 아니다. 그런 작은 순간들의 연속임을 비로소 알게 된다. 눈부신 인생이란, 거대한 목표에 도달한 다음에 오는 것이 아니다. 바로 지금, 이 순간. 내가 나를 지켜주는 이 고요한 숨결 속에 이미 존재하고 있다. 나는 살아 있다. 그리고 그 사실 하나만으로도 충분히 아름답다. Heavenly place. 그건 어떤 장소가 아니다. 그건 하나의 감정이고, 기억이며, 삶을 대하는 태도다.

나를 되찾는 곳. 나를 안아주는 곳.

나를 살아 있게 하는 곳.

그곳이 바로 내 삶의 가장 깊은 중심이다.

파도는 저절로 밀려오지 않는다

어느 날, 나는 조용히 생각을 정리하고 싶어 바닷가를 찾은 적이 있다. 발길이 이끄는 대로 모래사장을 걸으며 끝없이 밀려왔다가 사라지는 파도를 바라보았다. 부딪히는 물결 소리는 마음을 어루만지듯 잔잔했고 바람은 지난 기억들을 한 올 한 올 되새기게 했다. 그 순간, 나는 파도 속에서 흐르는 시간을 느끼며 나 자신과 마주했다. 에메랄드빛 바다와 아득히 펼쳐진 수평선 위에서 춤추듯 일렁이는 파도, 밀려 왔다가 다시 제자리로 돌아가는 물결.

우리는 때때로 그것이 자연의 이치라고 생각한다. 그러나 파도는 저절로 밀려오지 않는다. 바람이 불어야만, 밀물과 썰물이 맞물려야만, 달과 지구가 서로 잡아당겨야 하고, 어딘가에서 힘이 가해져야만 파도는 밀려온다는 것을.

기다림만으로는 아무것도 오지 않는다.

우리는 종종 삶에서 기다린다. 인내하며 더 좋은 기회가 오기를. 누군가가 먼저 손을 내밀어 주기를. 내가 원하는 것이 저절로 다가오기를. 그러나 아무리 기다려도 바람이 불지 않으면 바다는 잠잠하다. 가만히 앉아 있는 것만으로는 아무것도 움직이지 않는다.

기회는 만들어야 하고 사랑은 표현해야 하며, 변화는 스스로 일으켜야 한다. 그렇지 않으면, 바다는 그저 고요할 뿐이다. 움직이는 자만이 파도를 만든다. 나는 한때 실패를 두려워했다. 기회가 모든 것이 확실해질 때까지 움직이지 않으려 했다. 그러나 기다린다고 해서 무엇인가가 나를 향해 저절로 다가오지는 않았다.

그래서 나는 작은 돌멩이라도 던지기 시작했다. 작은 행동이라도 해보려고 했다. 바다는 나에게 응답하기 시작했다. 작은 용기가 필요했다. 어쩌면 실패할 수도 있었다. 그러나 한 가지 확실한 것은 움직이지 않는다면 나는 영원히 그 자리에 머물러야 한다는 것이었다.

누군가 말했다. "행운은 준비된 자에게만 찾아온다." 나는 이제 이렇게 말하고 싶다. "파도는 움직이는 자에게만 밀려온다."라고 삶에서 원하는 것이 있다면, 그것을 향해 먼저 한 발짝 나아가야 한다.

기회를 원한다면, 먼저 시도해야 한다. 그럴 때 파도는 나에게로 온다. 바다는 가만히 있는 사람에게는 파도를 보내주지 않는다. 우리는 가끔 타인의 파도에 기대어 살아간다. 누군가가 만들어 놓은 흐름 속에서 움직이며 정해진 길을 따라가며.

그러나 바람은 기다릴 것이 아니라 우리가 직접 바람을 일으켜야 한다. 움직여야 한다. 흔들려야 한다. 변화를 만들어야 한다. 그래야만, 파도는 밀려온다.

그리고 그때, 우리는 깨닫게 된다. 우리가 용기를 내어 한 걸음 내디디는 순간. 새로운 길과 미래의 가능성이 열린다는 것을. '언젠가'라고 말하는 사람들은 대부분 그날이 오지 않는다는 걸 알고 있다. 내일 하면 되겠지, 다음에 기회가 오겠지. 그러나 내일은 늘 생각보다 늦게 오고, 기회는 스스로 찾아오지 않는다.

기억하는가? 어린 시절 우리는 바다를 두려워하지 않았다. 파도가 치면, 더 깊숙이 들어가려 했고, 거친 물살에 온몸을 던졌다. 그저 우리는 바다가 신나고 재미난 놀이터였다.

그러나 어른이 되면서 우리는 점점 안전한 곳에 머물게 되었다. 우리는 '안전'이라는 이름 아래 기회를 놓쳤고, 아직 적절한 순간의 타이밍이 아니라는 이유로 사랑을 망설였으며, '실패하면 어쩌지?'라는 두려움 때문에 삶을 주저했다.

그러나 시간이 지나고 나서야 깨달았다. 정작 후회하는 것은 도전했던 순간이 아니라, 하지 않았던 순간들이라는 것을. 우리가 떠나보낸 기회가 아니라, 붙잡지 않은 순간들이라는 것이다.

지금 바로 지금 Carpe Diem. 오늘을 살지 않으면, 우리는 영원히 어제에 갇힐 것이다. 사람들은 말한다. "기회는 기다리는 사람에게 온다." 그러나 나는 이제 안다. 기회는 기다리는 사람에게 오는 것이 아니다. 기회는 만들어가는 사람에게 온다.

우리는 선택할 수 있다. 바람을 기다릴 것인가, 아니면 스스로 바람이 될 것인가. 밀려오는 파도를 두려워하지 말자. 어차피 바다는 가만히 있는 사람을 선택하지 않는다. 움직이는 사람만이 물살을 가르고 먼 곳으로 나아갈 수 있다.

사랑을 표현하라. 망설이는 순간, 그 사랑은 다른 곳으로 흘러갈지도 모른다. 꿈을 좇아라. 언젠가가 아니라, 바로 지금이 그 순간이다. 변화를 두려워하지 말자. 우리는 단 한 번만 살아간다. 그리고 그 삶은, 기다리는 자를 위해 존재하는 것이 아니다. 그러니 이제는 주저하지 말자.

오늘을 살라, 지금, 바로 이 순간. 그리고 기억하자, 파도는 저절로 밀려오지 않는다. 그러나 우리가 움직이는 순간, 그 파도는 우리를 더 멀리, 더 깊은 곳으로 데려다줄 것이다.

사랑은 네버엔딩이어라

사랑은 끝나는 법이 없다. 우리의 시간이 다 하고, 이름조차 바람에 씻겨 사라진다 해도, 사랑은 그 모든 것을 넘어 남는다. 누군가는 그것을 기억이라 부르고, 누군가는 흔적이라 부르지만, 나는 그것을 영혼의 향기라 부르고 싶다.

태초부터 인간은 사랑을 찾았다. 불완전한 존재로 태어난 우리가 서로의 마음에 쉼터를 마련하며, 그 빈자리를 채우기 위해 걸어온 길.

사랑은 단순한 설렘도, 약속도 아니었다. 사랑은 '나'를 넘어 '너'를 품으려는 의지였고, 때로는 내 안의 상처를 끌어안고도 다시 손을 내미는 용기였다.

우리는 사랑 안에서 성장하고, 사랑 안에서 부서지며, 다시

그 부서진 조각들로 새로운 나를 세운다. 사랑은 그렇게 우리를 더 깊은 사람으로, 더 어른 마음으로 만들어 간다.

그래서 사랑은 고통 속에서도 아름답고 이별 속에서도 영원하다. 누군가는 사랑을 슬픔이라 말하고 누군가는 사랑을 기쁨이라 말한다. 그러나 나는 이제 안다. 사랑은 그 모든 감정의 일체이며, 사랑을 아는 순간, 우리는 더 이상 혼자가 아님을 깨닫는다는 것을.

사랑은 누군가를 향한 마음이기도 하지만, 동시에 나 자신을 향한 이해와 용서이기도 하다. 누군가를 사랑할 때 우리는 상대의 빛뿐 아니라 그림자도 품어야 한다. 누군가는 사랑을 슬픔이라 말하고, 누군가는 사랑을 기쁨이라 말한다.

사랑은 한 사람의 이야기에 그치지 않는다. 한 사람의 마음에서 시작되지만, 그 마음이 또 다른 마음을 만나고 그리하여 사랑은 세상으로 뻗어 나간다.

어머니의 손길, 연인의 미소, 친구의 위로, 그 모든 것 안에 사랑은 흐른다. 그러니 사랑은 결코 끝나지 않는다. 사랑은 죽음을 넘어, 시간을 넘어, 우리의 작은 말과 행동, 눈빛과 침묵 속에 조용히. 그러나 영원히 살아 있다.

그리고 언젠가 나도 이 세상을 떠나게 되면, 내가 사랑하고 아끼는 이들, 내가 사랑했던 소중한 순간들은 작은 불빛처럼 남아 누군가의 길을 비출 것이다. 그래서 나는 오늘도 사랑을 선택한다. 때론 아프고, 때론 부족하고, 때론 두려운 사람이지만 그럼에도 불구하고 나는 사랑한다.

왜냐하면, 사랑이야말로 우리 존재의 이유요, 삶의 가장 숭고한 선물이기 때문이다. 사랑은 네버엔딩이어라. 사랑은 끝이 아닌, 다시 이어짐의 이름이다. 그 사랑은 결국 우리를 영원히 하나로 묶어주는 보이지 않는 실이다.

그리고 나는 믿는다.사랑은 결국 모든 상처를 치유하고, 모든 눈물을 안아주며 모든 이별을 넘어선다. '사랑은 끝나지 않는다. 사랑은 다시 태어나, 다시 피어나, 다시 이어진다.' 오늘 나는 그 사랑 안에 있다. 그리고 그 사랑으로, 내일의 나를 살아간다.

겨울의 단상

겨울은 침묵을 닮았다. 많은 것을 말하지 않아도 그 존재만으로 마음을 가라앉히는 계절. 겨울눈은 온 세상을 덮어버린다. 세상을 천천히 하얀 침묵 속으로 사라지게 한다. 겨울은 가장 외로운 계절인 동시에 가장 정적인 계절이기도 하다.

겉치레는 모두 벗어내고, 모든 생명이 본질만을 남긴 채 한껏 가벼워지는 시기. 나는 겨울의 나무들을 좋아한다. 잎도 없고, 꽃도 없고, 자신을 꾸밀 아무것도 없는 그 나무들이 겨울에 가장 곧고 우아하게 서 있다. 보여줄 게 없어도 그 자리를 꿋꿋이 지켜 나간다. 말없이 버티고 조용히 견디며 내면의 어떤 강인함으로 시간을 통과하는 것.

우리는 누구나 제각기 다른 속도로 삶의 계절을 건너간다.

누군가는 아직 봄이고, 누군가는 여름 한복판에 있고, 또 다른 누군가는 가을 끝자락에서 머물고 있을지도 모른다. 그러나 결국 모두는 겨울에 이른다.

조용해지고, 낮아지고, 내 안의 목소리를 듣게 되는 계절. 겨울은 끝이 아니다. 겨울은 심는 것이다. 흙 속에, 마음속에, 다음 계절을 위한 씨앗을 말없이 묻는 시간이다. 그리고 언젠가 지금 이 조용한 날들이 무성한 나뭇잎과 따뜻한 빛으로 피어날 거라는 걸 나는 믿는다. 그 믿음 하나로 겨울을 견딘다.

오늘이라는 하루도 흰 눈처럼 잠시 머물다 사라지겠지만 '지금, 이 순간을 살아내자. 차가워도 좋고, 느려도 괜찮아, 이 계절은 내 안의 빛을 품기 위한 시간이다.'

그리고 나는 숨을 고르고, 조금 더 따뜻한 사람이 되기 위해 겨울 속을 걸어간다. 겨울은 모든 것을 멈추게 한다. 나뭇잎은 떨어지고, 꽃은 시들며 동물들은 겨울잠에 들고, 사람들조차도 미동도 하지 않고 세상은 마치 숨을 고르는 듯, 조용히, 천천히, 그리고 깊이 가라앉는다.

처음에는 이 멈춤이 낯설고 불편하게 느껴진다. 활기찬 봄과 여름, 풍요로운 가을을 지나 갑작스레 찾아온 정적은 마치 삶의 리듬을 빼앗아 간 듯하다. 하지만 이 멈춤 속에서 우리는 비로소 자신을 마주하게 된다.

겨울은 외부의 소음이 줄어드는 계절이다. 그만큼 내면의 소리에 귀 기울일 수 있는 시간이다. 바쁜 일상 속에서 미처 돌아보지 못했던 자신의 감정, 생각 그리고 진심을 조용히 들여다볼 수 있는 기회를 제공한다.

또한 겨울은 준비의 계절이다. 겉으로는 모든 것이 멈춘 것처럼 보이지만 땅속에서는 새로운 생명이 자라고 있다. 이처럼, 우리도 겨울의 멈춤 속에서 다시 시작할 힘을 비축하고 있는 것이다. 겨울의 차가움은 우리에게 따뜻함과 소중함을 일깨워 준다.

따뜻한 차 한 잔, 포근한 담요, 사랑하는 이의 미소. 이 모든 것이 더욱 깊이 다가오는 계절이다. 그리고 무엇보다, 겨울은 우리에게 '지금, 이 순간'의 중요성을 가르쳐 준다.

과거의 후회나 미래의 불안에 얽매이지 않고, 현재의 고요함과 평온함을 느끼게 해준다. 이러한 겨울의 모든 면모는 마치 신이 우리에게 건네는 '한 수'와 같다. 멈추고, 돌아보고, 준비하며 지금, 이 순간을 살아가라는 메시지. 그것이 바로 겨울이 우리에게 주는 가장 깊은 가르침이 아닐까.

그릇을 깨뜨리고

살다 보면 우리는 누구나 마음속에 단단한 그릇 하나쯤은 품고 산다.

그 그릇에는 성공이라는 이름의 결실을 담고, 때로는 실패라는 쓰디쓴 눈물을 담기도 한다.

그러나 그릇을 깨트려 본 사람만이 더 큰 그릇을 빚고, 진정 자신의 그릇을 가질 수 있다.

진정한 예술가는 작은 성공에 안주하지 않는다.

실패는 언제나 더 큰 성공으로 나아가는 하나의 디딤돌이다. 더 큰 성취를 원한다면, 실패하고 또 실패하라.

설령 실패하더라도 더 잘 실패하기 위해 애쓰고, 그 과정에서 할 수 있는 최선을 다하라.

그러나 결코 실패에 지지 말라.

어릴 적 나의 그릇은 작은 찻잔만 했다.

첫 칭찬에 웃음꽃을 담고, 첫 실수에 부끄러움을 넘치게 담던 시절이었다.

조금씩 자라며 그릇도 함께 커졌다.

성적표라는 얇은 종이에 희비가 담기고, 첫 월급봉투에 자존이 채워지며, 또한 상처와 후회의 조각들도 고스란히 쌓여갔다.

그러나 우리는 너무 자주 그 그릇이 금이 갈까 두려워하고, 넘칠까 노심초사하며 살아간다. 흘러넘치는 감정을 닦아내고, 깨질까 움켜쥔 채 스스로를 옭아맨다.

그러던 어느 날, 예기치 않은 충격 앞에서 그 그릇이 산산이 깨질 때가 있다. 사업이 무너지고, 관계가 멀어지고, 사랑이 떠나가고, 믿음이 배신으로 돌아오는 순간들.

손에 남은 건 조각난 파편뿐이다. 가슴 한구석이 저리고, 모든 것이 허물어져 내린다.

하지만 그때 비로소 알게 된다. 그릇은 원래 깨지기 위한 것이었음을.

채우는 것에만 집착할수록 그릇은 점점 무겁고 단단해진다. 그러나 깨지고 나면 마음은 비워지고, 텅 빈 사이로 바람이 스며들고, 햇살이 들어온다.

그 빈자리에서 우리는 다시 시작할 수 있다.

성공이란 결코 채운 것의 양으로만 측정되지 않는다. 실패

또한 잃은 것의 크기로만 재단할 수 없다.

어쩌면 가장 소중한 것은, 그릇을 깨트린 뒤 비로소 손에 쥐게 되는 '깨달음'일지도 모른다.

스스로의 연약함을 인정하는 용기, 흘러간 것들을 담담히 흘려보내는 지혜, 그리고 다시금 빈 마음으로 새로움을 맞이할 수 있는 담대함.

살아가는 동안 우리는 수없이 그릇을 깨게 될 것이다. 그리고 그럴 때마다 더 깊고 단단한 '마음의 그릇'을 빚게 되리라.

처음보다 조금은 투명하고, 조금은 여린, 그러나 더 넓고 깊어진 그릇으로.

이제는 두려워하지 않으리. 그릇이 깨질 때마다 나는 더 자유로워질 테니.

삶의 본질은 흩어진 파편들 위에서도 다시 웃을 수 있는 데 있다.

깨어진 그릇의 조각을 바라보다 보면, 문득 이런 생각이 든다. 우리는 어쩌면 인생을 하나의 완벽한 형태로 빚으려는 욕망에 너무 오래 집착해 온 것은 아닐까.

빈틈없이 매끄럽고 흠 하나 없는 인생을 꿈꾸며 조심조심 걸어왔던 그 길 위에서, 정작 가장 깊은 성찰과 성숙은 바로 그 금과 흠, 그리고 깨어진 틈새에서 태어난다.

도공은 말한다.

진정 아름다운 그릇은 완벽한 윤곽이 아니라 손끝의 온기와 우연히 생긴 결에서 빚어진다고.

인생 또한 그러하다.

깨어진 그릇을 금으로 메우는 일본의 '킨츠기(金継ぎ)'처럼, 우리는 상처와 실패의 흔적을 덧칠하며 오히려 더 빛나는 존재가 된다.

과거에 매이지 않고, 미래에 쫓기지 않으며, 지금 이 순간 깨어진 그릇을 앞에 두고 나는 다짐한다.

다시 채우지 않아도 좋다.

비워진 채로 머물러도 좋다.

그 자체로 충분히 아름답다.

그릇을 깨트린다는 것은 더 이상 무엇을 증명하려 애쓰지 않겠다는 선언이며, 세상의 시선에서 자유로워지겠다는 용기이며, 스스로를 있는 그대로 받아들이겠다는 깊은 사랑이다.

그리하여 언젠가 나는 또 다른 그릇을 빚게 되겠지.

그러나 그때는 아마 예전처럼 크고 화려한 그릇이 아니라, 소박하고 단단하며 흔들림 없는 마음의 그릇이 될 것이다.

그리고 그 안에는 성공도, 실패도, 기쁨도, 슬픔도 모두 흘러가고 마침내는 고요한 평화 하나만이 담기리라.

그때 나는 진정 자유로울 것이다.

그릇을 깨트리고, 비로소 나답게 살아가는 길 위에서.

Breaking the Bowl

As we live, each of us carries within our hearts a sturdy bowl. Into it, we pour the fruits of success and, at times, the bitter tears of failure. Yet only those who have once shattered their bowl can mold and hold a greater one.

A true artist never rests on small triumphs. Failure is not defeat — it is a stepping stone to something greater. If you seek true growth, then fail — fail again, and fail better. Even in failure, strive to do it well, and in that striving, give your very best. But never let failure defeat you.

When I was young, my bowl was no larger than a teacup. I filled it with laughter from my first praise and let it overflow with embarrassment from my first mistake. As I grew, the bowl grew with me. Report cards carried my joys and disappointments; my first paycheck brimmed with pride; and before long, fragments of regret and sorrow quietly settled within it.

Yet too often, we live fearing the bowl might crack or spill over. We wipe away what overflows, clutching tightly so it will not break — unaware that in doing so, we tighten our own chains.

Then one day, the unexpected happens. The bowl shatters. A business collapses. A friendship fades. Love leaves. Trust turns into betrayal. And all that remains in our hands are the fragments. Our hearts ache. Everything we built seems to crumble. But it is then — only then — that we begin to understand: the bowl was meant to be broken.

The more we cling to filling it, the heavier it becomes. When it breaks, the heart finally empties. Wind slips through the hollow; sunlight finds its way in. From that emptiness, we begin again.

Success is never measured by how much we have filled, and failure is not defined by how much we have lost.

Perhaps the most precious thing we gain after breaking the bowl is the awakening that follows — the courage to face our own fragility, the wisdom to let go of what has passed, and the grace to welcome the new with an open heart.

Throughout life, we will break many bowls. And each time, we will shape deeper, stronger vessels of the soul — more transparent, more tender, yet wider and more enduring than before. So I will no longer fear the breaking. Each time the bowl shatters, I become freer. The essence of life lies in the ability to smile again, even among the scattered shards.

As I gaze upon the broken pieces, a thought comes to me: perhaps we have been too obsessed with molding life into a single, perfect shape. We have walked so carefully, dreaming of seamless lives without cracks or flaws — yet true reflection and growth are born precisely from those fractures, those scars, those delicate seams.

A potter once said, "The most beautiful bowls are not defined by perfect outlines, but by the warmth of the hands that shaped them, and by the accidental lines left along the way." So it is with life. Like the Japanese art of kintsugi — mending broken pottery with gold — we, too, become more luminous as we trace our wounds and failures with compassion and grace.

Freed from the past, unhurried by the future, I look at my broken bowl and make a quiet vow: It's all right not to refill it. It's all right to remain incomplete. It is, as it is, already beautiful.

To break the bowl is to declare that I will no longer live to prove anything. It is the courage to free myself from the world's gaze and the quiet act of loving myself as I am.

And someday, I will shape another bowl — not grand or ornate as before, but simple, grounded, and unshakably at peace. Within it, success and failure, joy and sorrow will all flow through — until at last, only a quiet peace remains.

Then, I shall be truly free: walking the path of life as my truest self — after breaking the bowl.

살면서 그날을 기억하라

아무 일도 없는 오늘이 가장 평온한 날이라고 믿으며 사람들은 하루를 시작한다. 하지만 나는 때때로 묻는다.

"이 하루가 마지막이라면, 나는 이토록 무심하게 커피를 마실 수 있을까?"

삶은 그 질문을 회피할 때보다, 마주할 때 비로소 투명해진다.

사람은 모두 죽음의 '그날'을 향해 걷고 있다.

누구도 예외가 없다. 다만 어떤 이는 그날을 외면하고, 어떤 이는 그날을 기억하며 산다.

기억한다는 건 두려워하는 일이 아니라, 살아 있음의 한계를 자각하는 일이다. 유한함을 자각할 때에만 인간은 비로소 오늘의 숨결을 '자기 것'으로 느낀다.

끝이 있다는 사실은 삶의 잔혹함이 아니라, 의미의 시작점이다. 우리는 종종 끝을 두려워하지만, 사실 두려운 것은 '끝'이 아니라 그 끝을 의식하지 못한 채 흘려보내는 무감각한 시간들이다. 우리는 어떤 일을 시작할 준비, 잠잘 준비, 겨울날 준비는 하면서 죽을 준비는 하지 않는 까닭은 무엇인가.

기억하지 않는 삶은 방향을 잃는다.

그날을 기억하는 사람만이 소중한 하루를, 지금의 이 순간을 온전하게 산다.

삶은 언제나 죽음을 향해 걸어가는 여정이다. 그 죽음을 두려워하기보다 기억하는 사람만이 삶을 깊이 안다. 올바로 살지 못하며 삶의 법을 깨뜨린 사람만이 죽음을 두려워한다.

죽음은 우리를 얼어붙게 만들기도 하지만, 어쩌면 삶이 가장 뜨거워지는 지점은 그 찰나의 끝을 바라보는 순간일지도 모른다.

죽음을 기억한다는 것은 결국 삶을 사랑한다는 뜻이다.

톨스토이가 그랬다. 『살아갈 날들을 위한 공부』에서 "삶의 의미를 깨닫기 위해서는 죽음을 외면하지 말아야 한다."라고.

죽음에 대해 너무 많이 생각할 필요는 없다. 살면서 다가올 그 날을 기억하면 된다. 죽음을 기억하는 일은 삶을 썩지 않게 만드는 천연 방부제가 될 것이다.

당신은 다가올 그 날을 기억하며 살고 있는가?

그리고 그 기억이 당신의 오늘을 더 단단하게 만들고 있는가?

지금 이 순간에도 반문해 본다.

3

머무르고 싶었던 순간들

진정한 부는 얼마나 많이 가졌느냐가 아니라,
얼마나 많이 나누었느냐에 달려 있다.
- 칼릴 지브란

바람이 머무는 곳,
에페수스에서

아침 햇살이 지중해의 푸른 물결을 타고 번져올 무렵, 나는 터키의 에페수스(Ephesus)를 향해 달리고 있었다. 차창 너머로 스치는 풍경은 마치 한 폭의 그림처럼 고요하면서도 생동감 있었다. 올리브나무가 듬성듬성 늘어서 있고, 구름 아래 낮게 자리 잡은 붉은 지붕의 집들, 그리고 한가로이 풀을 뜯고 있는 염소들까지.

가끔 들려오는 종소리와 바람에 실려 오는 기분 좋은 냄새는 이곳이 살아 있는 공간임을 상기시켜 주었다. 차가 작은 마을을 지나갈 때 창밖으로 손을 내밀어 보았다. 햇살은 따스했고, 지나가는 시간을 거슬러 속삭이듯 부드럽게 스쳐 갔다.

광장의 나무 그늘 아래, 노인 몇이 느긋이 차를 마시며 웃음 섞인 대화를 나누고 있었다. 가게 앞에 앉아 손으로 무언가를 만들고 있는 듯한 여인들, 그 옆에서 뛰노는 아이들, 그리고 손수레를 밀고 어디론가 향하는 할아버지의 모습이 하나의 풍경처럼 펼쳐졌다.

이 작은 마을을 지나며, 문득 이곳에서는 사람들의 시간이 나와는 다르게 흐르고 있다는 느낌이 들었다. 나는 늘 목표를 향해 빠르게 달려가며 다음을 고민하는 삶을 살아왔지만, 이곳에서는 모든 것이 자연의 흐름에 맡겨진 듯했다. 바람이 불면 그저 바람을 맞이하고, 해 가지면 하루를 마무리하는 삶, 그것이야말로 조화로운 소박한 삶이 아닐까.

도시의 심장부, 에페수스에 도착하자 그리스 · 로마시대의 위대한 유산이 나를 맞이했다. 가장 먼저 눈길을 끈 것은 웅장한 셀수스 도서관이었다.

햇빛에 반사된 대리석 기둥들은 시간을 초월한 듯한 위엄을 자랑했고, 건물 정면에 새겨진 조각들은 마치 먼 과거에서 말을 걸어오는 듯했다. 이곳은 단순한 도서관이 아니라, 지혜를 갈망하는 이들이 모이던 공간이었다. 로마 총독이자 학자였던 티베리우스 율리우스 셀수스의 무덤이 도서관 안에 있다는 사실도 흥미로웠다.

그는 죽은 후에도 책들 사이에서 지혜와 함께 머물기를 바랐던 것일까? 나는 돌계단을 밟으며 조심스레 안으로 들어섰다. 책은 남아 있지 않았지만, 도서관을 감싼 공기 속에는 아직도 무수한 이야기들이 살아 있는 듯했다. 나는 기둥 사이를 거닐며 문득 헤라클레이토스의 말을 떠올렸다.

"같은 강물에 두 번 발을 담글 수 없다."

삶은 끊임없이 흐르고 변한다. 우리가 붙잡고 있는 것들도 언젠가는 사라지겠지만, 그 순간 우리가 배우고 느낀 것들은 남아 우리의 길을 비출 것이다.

셀수스 도서관을 지나고 웅장한 원형 대극장이 모습을 드러낸다. 계단식 좌석이 끝없이 이어져 하늘을 향해 오르고 있었고, 무대 한가운데 서면 사방이 나를 둘러싼 거대한 원형의 공간 속에 서 있는 듯한 기분이 들었다.

이곳에서 수많은 연극이 공연되었고, 사도바울이 기독교를 전파하다가 소동이 일어난 장소이기도 하다. 나는 한참 동안 계단에 앉아 눈을 감고 과거의 메아리를 상상했다. 환호성과 갈채, 연설가의 힘찬 목소리 그리고 드라마가 펼쳐지는 무대, 그 모든 것이 지나간 시간 속으로 사라졌지

만, 이곳의 들판과 공기엔 그 시절의 흔적이 여전히 배어있는 듯했다.

풍경은 그대로인데 그 안에 담긴 기억만 시간이 멈춘 듯 고요히 남아 있었다. 극장을 떠나, 한때 세계 7대 불가사의 중 하나였던 아르테미스 신전의 자리를 찾아갔다. 사라진 신의 흔적, 그러나 거기에는 단 하나의 기둥만이 남아 있었다. 바람에 흔들리는 잡초 사이에 우뚝 선 그 기둥은 마치 오랜 세월을 버텨낸 이야기를 말없이 들려주는 듯했다. 한때 이곳은 화려한 기둥과 조각들로 가득 차 있었고, 수많은 순례자가 여신에게 기도를 드리기 위해 찾아오던 곳이었다.

그러나 전쟁과 약탈 속에서 신전은 무너졌고, 이제는 그 흔적만이 남아 있다. 하지만 나는 생각했다. 신전이 사라졌다고 해서 신의 존재까지 사라진 것은 아닐 것이다. 우리의 삶도 그러하다. 모든 것이 지나가고 사라질지라도 우리가 사랑하고 느꼈던 순간들은 기억의 뿌리가 되어 삶 너머에서 머무른다는 것을.

에페수스의 폐허가 단순한 돌무더기가 아닌 이유도 바로 그 때문이다. 해가 서쪽 하늘을 붉게 물들일 무렵, 나는 언덕 위에 올라 도시를 내려다보았다. 발아래 펼쳐진 유적들은 노을빛에 잠겨 마치 또 다른 차원의 세계처럼 보였다. 그 순간 바람이 불어왔다. 부드럽고 따뜻한 바람이었지만 그 속에는 수천 년을 지나온 시간의 흔적이 묻어 있는 듯했다. 마치 지나가는 바람처럼 내 귀에 들리는 듯하다.

"모든 것은 흐르고, 모든 것은 지나간다. 그러나 네가 남긴 발자국은 사라지지 않는다."

나는 천천히 발걸음을 돌리며 여전히 바람이 머무는 이곳을 뒤로했다. 언젠가 다시 돌아오게 된다면, 또 다른 이야기가 나를 기다리고 있을 것이다. 바람이 머무는 곳 에페수스에서. 나는 과거의 무게와 미래의 두려움에서 벗어나 오직 지금 이 순간, 그것은 내 앞에 놓인 작은 돌 하나, 흔들리는 나뭇잎 하나를 알아보는 눈, 카르페디엠의 삶은 거창한 것이 아닌, 온전히 삶을 느끼고 나의 것으로 만드는 것. 이것이 진정한 카르페디엠의 삶이 아닐까.

고목

긴 시간을 꿋꿋이 견뎌낸 존재를 마주하면, 나도 잠시 멈춰 서게 된다. 말없이 숙연해지는 순간이다.

오랜 세월을 지내온 고목 앞에 설 때마다 나의 걸음은 느려진다.

세월의 틈에서 무언가를 읽어내려는 사람처럼, 말 대신 쌓인 시간을 듣는 법을 배운다.

뿌리가 드러나고 껍질은 갈라지고 가지는 부러진 채 인고의 시간을 버티고 있는 나무.

속이 텅 빈 몸마저 공허가 아닌 깊이를 품고 있다. 누군가는 죽어가는 나무라 할 테지만 나는 그 안에서 오히려 삶의 깊은 숨소리를 듣는다.

진정한 고목은 죽음을 머금은 생명이다. 고목은 더 이상 서

두르지 않는다. 봄마다 새순을 급히 틔우려, 무엇을 더 하려 애쓰지도 않고 바람에 흔들려 허둥대지도 않는다.

그저 그 자리에 묵묵히 서 있다.

한 계절, 두 계절, 수백 개의 계절을 말없이 서 있다.

있는 그대로 존재함으로써 가장 깊은 울림을 남긴다. 어쩌면 삶도 그러해야 하지 않을까.

젊은 날엔 무성한 잎과 눈부신 꽃을 자랑하고 있지만, 세월이 쌓이면 결국 남는 것은 뿌리와 결이다.

겉으로는 메마른 껍질일지라도 그 안엔 시간의 진액이 배어 있다.

나는 고목을 바라볼 때마다 겸허함을 배운다. 많이 가진 것보다, 많이 견딘 것이, 높이 오른 것보다 깊게 내려앉은 것이, 더 단단하다는 걸.

문득 예전에 어머니의 따뜻하신 손이 생각나고 그립다. 어머니의 손은 오동통하니 희고 고우셨다. 세월이 지난 어느 날 미처 느끼지 못했던 어머니의 손을 잡아보고 화들짝 놀랐다.

어느새 앙상한 뼈마디에 거죽만 남은 메마른 손등은 거미줄처럼 주름이 얼기설기 있었다. 안타까워 손등을 쓰다듬자 어머니가 말씀하셨다.

"오래된 고목나무 등걸 같은 손이 돼버렸어." 하시며 나를 쳐다보시던 어머니의 눈에는 세월의 무심함과 나이 듦의 회한

이 어려 있었다.

나는 어머니의 손을 더 자주 다정하게 잡아 드리지 못한 것이 이제야 후회가 되며 아쉬움이 남는다.

그늘 없는 가지 끝에 작은 새 한 마리가 앉는다.

새들은 가장 오래된 가지에 깃들기를 좋아한다. 그들은 알고 있다. 젊은 가지의 흔들림보다 고목의 고요한 숨결이 더 따뜻하다는 것을.

누군가에게 그늘을 주지 못하는 고목일지라도 바람을 품고 햇살을 깃들이게 하고 작은 생명 하나쯤은 받아주는 나무. 그렇게 존재할 수 있다면 그 또한 충분히 아름다운 삶이 아닐까.

사람들은 자꾸 젊음과 새로움만을 추구한다. 그러나 나는 고목 앞에서 배운다. 남은 자리가 중요한 것이 아니라, 남긴 숨결이 중요한 것임을.

고목은 자기 자신을 서두르지 않는다. 가장 깊은 뿌리는 말없는 기다림으로 이어지고 가장 높은 가지는 비움으로 하늘에 닿는다.

굽은 가지에도 기억이 있고 비어 있는 속에도 서늘한 품이 있다. 그 앞에 서면 시간도 발걸음을 늦춘다. 무성한 숲속에서조차 고목 주위는 묘한 정적이 감돈다.

그것은 죽음의 정적이 아니라 삶과 죽음이 다르지 않다는 것을 아는 존재만이 가질 수 있는 고요다. 고목은 사라지기 위한 나무가 아니다. 더 깊어지기 위한 나무다.

그 몸이 흙으로 돌아간다 해도 그 자리에 깃들었던 바람과 햇살 새들의 노래는 다시 다른 생명으로 순환될 것이다.

사람들은 속 빈 고목을 헛것이라 여기지만, 그 속은 텅 비어야 만 담을 수 있는 것들로 가득 차 있다.

바람의 기억, 땅의 숨소리, 흘러간 시간의 체온까지.

그래서 고목 앞에 서면 경외심이 생긴다.

누군가 길을 걷다 우연히. 내 옆을 지나며 한 줌 그늘과 위안을 느끼고 가는 그런 존재.

삶이란 결국 언젠가 고목으로 남는 길인지도 모른다. 그러니 조급히 잎을 틔우는 일보다 천천히 뿌리를 내리고 결을 가꾸는 일이 더 중요하겠다.

거기엔 죽음 아닌 살아 있는 시간이 있고 쇠락 아닌 깊어지는 존재의 아름다움이 있다. 한 생명의 끝을 보는 것이 아니라 존재가 남길 수 있는 가장 깊은 울림을 듣는 순간이기 때문이다.

고목도 결국 그 자리에 머물며 하루하루를 살아냈기에 지금의 깊이를 가질 수 있었던 것처럼…. 나 역시 순간을 사랑하는 삶 속에서 스스로의 뿌리를 내려가고 있는지도 모른다.

나도 언젠가 고목처럼 그 자리에 묵묵히 서 있어 스쳐가는 이들의 마음 한편에 조용한 그늘 하나쯤 드리울 수 있기를.

The Old Tree

When I stand before something that has endured the weight of time, I, too, come to a halt. A quiet reverence gathers in the air — the kind that silences even thought. Before an old tree, my pace slows without my knowing. I try to read the years etched into its cracks, to listen not to words but to the silence time has left behind.

Its roots are exposed. Its bark has split. Its branches are broken — yet the tree stands, bearing the long patience of survival. Even its hollow trunk holds not emptiness but depth. Some may call it a dying tree, but I hear within it the deep, unhurried breath of life.

A true old tree carries life steeped in the scent of death.

It no longer hurries to push out new buds each spring, nor trembles at every passing wind. It simply stands — steadfast, unyielding, dignified. One season, then another, and another hundred pass, yet it remains. By existing as it is, it leaves the deepest resonance. Perhaps a life should be lived that way — not by striving, but by being.

In youth, we wish to boast of thick leaves and radiant blossoms. But as years settle, what endures are the roots and the grain. Even the dry bark holds the sap of time. Each time I gaze upon an old tree, I learn humility — that to endure is greater than to possess, and that what sinks deeply into the earth lasts longer than what rises into the air.

Then, without warning, I think of my mother's hands. I remember how warm they once were — soft and fair, full of life. Years later, when I finally held them again, I was startled. The once-plump fingers had withered, their thin, dry skin clinging to the bones, traced with the fragile web of time. When I gently stroked her hand, she smiled and said, "They've turned into the trunk of an old tree." In her eyes, I saw the quiet sorrow of aging — the tenderness of letting go. Now I regret not having held those hands more often, not having cherished them more.

At the end of a bare branch, a small bird lands. Birds favor the oldest limbs — they know that the still breath of an old tree is warmer than the trembling of a young one. Even a tree that casts little shade still cradles the wind, gathers sunlight, and shelters a small life or two. If I could exist like that — enough to offer one quiet comfort — would that not also be a beautiful life?

People chase youth and novelty, but I have learned otherwise. Before the old tree, I understand: it is not where we remain that matters, but what we leave behind.

The old tree never rushes itself. Its deepest roots are formed through silent waiting; its highest branches reach the sky through letting go. Even its bent limbs hold memory, and its hollow trunk holds a cool tenderness.

When I stand before it, even time seems to slow its pace. In the thickest forest, a strange stillness hovers around an old tree — not the stillness of death, but the serenity of something that knows life and death are not apart. An old tree does not exist to vanish — it exists to deepen. And when its body returns to earth, the wind, the sunlight, and the birdsong that once dwelled within it will find their way into other lives.

People may see a hollow tree as empty, but it is filled with what only emptiness can contain — the memory of wind, the breath of soil, the warmth of passing time. That is why awe rises in me whenever I stand before one.

To be such a presence — that someone walking past miht pause, find a brief shade or solace, and go on — that would be enough. For life, perhaps, is the long road toward becoming an old tree. So rather than hasten to sprout new leaves, it is better to grow roots slowly and tend to one's grain.

There, in that quiet, is not death but living time; not decline, but the beauty of deepening. We do not witness the end of a life, but the sound of its truest echo. The old tree, too, stood where it was, day after day — and by that steadfast living, it gained its depth. Perhaps I, too, am slowly putting down roots, here in this life that loves its fleeting moments.

And one day, like the old tree, I hope to stand quietly in one place — leaving behind a small shade of comfort in the hearts of those who pass by.

이국땅에 핀
무궁화

수년 전 나파밸리(Napa Valley) 와인트레인(wine train)에서 우연한 기회에 만난 인연으로 이어져 교분을 나누는 천년지기 같은 벗이 있다. 살다 보면 인생에서 누적된 인연은 언젠가 때가 되면 만나게 되어 있다. 평소 느끼는 경험적 생각이다. 자주 만나지는 못하더라도 가끔 안부를 주고받는다. 금처럼 견고하고 난초처럼 향기로운 '금란지교'의 사이까지는 못 미치더라도 믿음과 신뢰를 잃지 않고 우정을 쌓아왔다. 사소한 일에도 허심탄회하게 마음을 나누고 위로와 아낌없는 격려를 보낸다.

모처럼의 방문길에 나서니 마음이 설렌다. 이것저것 챙겨줄 몇 가지와 책 대여섯 권을 들고 날아가는 새의 깃털처럼 가벼운 마음으로 길을 나섰다.

각자 바쁘게 살다 보니 지난 방문이 언제였는지도 어렴풋하다. 희미한 기억을 더듬으며 그 집을 찾느라 미로같이 갈라지는 대단지의 주택을 다람쥐 쳇바퀴 돌듯 맴돌고 있다. 전날 전화 온 친구의 배려도 사양하고 호언장담한 것이 실로 후회막심이다. 예전에는 눈썰미 좋다는 소리도 꽤 들었건만…. 애꿎은 세월 탓으로 돌리며 스스로를 다독인다.

바로 그 순간 내 눈을 의심하듯 어느 집 앞에서 가던 발길을 멈추었다. 나도 모르게 집 앞 화단에 소담스럽게 핀 하얀 꽃에 눈길이 꽂히고 말았다. 가까이 다가가 보니 겹잎이 세 갈래로 갈라진 흰 꽃잎과 그 안에 다소곳이 숨어 있는 붉은 단심, 노란 수술을 보니 영락없는 무궁화다. 요즈음 한국에서도 무궁화는 흔히 보기 힘들어졌다. 하물며 멀고 먼 태평양을 건너 미국 샌프란시스코에서 난생처음 보는 무궁화는 말해 무엇하랴. 순간, 심장이 멎는 듯 경이로움과 반가움이 교차하며 감격스럽기까지 하였다.

유난히 맑고 푸르른 9월의 하늘 아래 그 먼 이국 낯선 땅에서 수려하게 피어 있는 하얀 무궁화를 보았다. 아름답다 못해 처연하기까지 느껴졌다. 암흑의 일제 강점기 시대 우리나라 민족과 함께 무궁화도 갖은 수난과 아픔을 겪었다. 무궁화가 독립운동가는 물론 우리나라의 민족을 대표하는 상징물로 여겨지고 있음을 우려해 무궁화 말살정책을 자행했다. 일제 치하에서 무궁화는 무모한 줄기와 가지치기를 당하여 한국에서도 무궁화 거목을 찾아보기가 힘들다. 지난 역사가 말해주듯 우리나라는 외세의 침략으로 인해 끊임없는 고통 속에 지내왔다. 나라꽃인 국화(國花)는 그 나라의 자연과 문화 그리고 역사와 관련이 깊은 식물로 정해지는 것이 일반적이라고 한다.

무궁화가 병충해에 강하면서도 유난히 진딧물 등 벌레들이 많이 꼬이는 것도 나라꽃 무궁화의 숙명이런가! 착잡한 마음에 만감이 교차한다. 집 앞 화단의 무궁화를 심어놓은 주인은 어떤 사람일까? 자못 궁금해진다. 아마 한국인이 아닐까 미루어 짐작해본다. 애틋한 사연과 특별한 의미가 담겨 있을 것 같다.

무궁화는 본토 땅에서도 잘 키우기가 쉽지 않다. 이국땅에서 뿌리를 잘 내리고 자라는 걸 보니 오랜 세월 정성 들여 가꾼 공력이 한눈에 들여다보인다. 한국인이면 분명 타국에서 조국의 꽃 무궁화를 보며 고향에 대한 그리움과 진한 향수를 달랬으리라.

우여곡절 끝에 찾은 친구의 집에서 무궁화에 대한 이야기가 화두가 되어 이야기꽃을 피웠다. 지금도 귀에 익은 「무궁화」 노래며 어린 시절 동무들과 어울려 시끌벅적 "무궁화 꽃이 피었습니다."를 외치며 재미나게 놀았던 잊지 못할 추억거리다. 근래 해외에서 「오징어 게임」이 유명세를 치르며 한국 놀이 열풍으로 이어져 오고 있다. '가장 한국적인 것이 세계적인 것이다.'라는 말이 실감난다. 모처럼 그 시절 동심으로 돌아가

이런저런 얘기로 화기애애하였다. 같은 민족의 동질성과 감정의 교감이 하나로 녹아들었다. 다시 한번 조국과 무궁화에 대한 끈끈한 사랑과 애착을 느낀 계기가 되었다.

집으로 돌아가는 길에 다시 그 집을 둘러보았다. 여전히 아무도 없는 듯 적막감이 감도는 집에 곱게 핀 한 아름의 무궁화만이 의연하게 서 있다. 자기를 알아보고 쓰다듬어 준 손길을 잊지 않고 스쳐 지나가는 바람에도 손짓하듯 잎이 흔들린다. 역시 너와 나는 서로를 알아보는 운명 같은 존재인가 보다.

원래 무궁화는 목근(木槿) 또는 순화(舜花)로 불리다가 꽃이 오래가는 특징에 따라 무궁화로 불리게 되었다고 한다. 무궁화의 영어 명칭은 '성스러운 땅에서 피어나는 아름다운 꽃'이라는 의미를 간직한 '샤론의 장미(Rose of Sharon)'이다. 일편단심, 영원히 피고 또 피어서 지지 않는 꽃이라는 뜻을 지닌 무궁화! 그날 이후로 머나먼 이국땅 어느 집 앞에 호젓이 핀 무궁화는 내 가슴을 적시며 나의 진정한 꽃이 되었다.

자신의 운명을 사랑하라

운명은 때때로 거대한 파도처럼 우리의 삶에 밀려든다. 우리는 그 앞에서 작고 연약한 배와 같아 질풍노도의 파도를 피하거나 거스를 수 없다. 힘겨운 운명의 물결일수록 정면으로 받아들이고 그 리듬에 나를 맡길 때, 오히려 새로운 길이 보이기 마련이다. 철학자 니체는 이러한 태도를 '아모르 파티(Amor Fati), 곧 자신의 운명을 사랑하라'는 말로 표현했다.

자신의 운명을 사랑한다는 것은 좋은 날들뿐만이 아니라 힘겨운 순간까지도 내 삶의 일부로 기꺼이 받아들이는 일이다. 필연적으로 다가오는 고통과 시련마저도 의미가 있다고 믿으며, 그 모든 경험을 통해 내가 더욱 깊어질 것이라고 여기는 마음이다. 나의 인생이라는 책 속에서 슬픔과 실패의 페이지들까지도 반드시 필요한 장면임을 받아들이는 것, 그것이 곧 운명을 사랑하는 자세다.

그렇다면 자신의 운명을 사랑하는 사람은 어떻게 하루하루를 살아갈까? 답은 현재를 충실히 살아내는 것에 있다. 라틴어 격언에, '카르페 디엠(Carpe Diem)' 즉 현재를 즐기고 오늘을 충실히 살라는 말이 있다. 이 말은 흔히 순간의 쾌락을 누리라는 뜻으로 오해되지만, 그 본래 의미는 전혀 다르다. 내일의 불안을 핑계로 오늘을 등한시하지 말고, 지나간 어제의 후회에 발목 잡히지도 말라는 것이다.

오직 눈앞에 주어진 이 하루에 온 마음과 정성을 다하라는 진지한 삶의 태도다. 결국 운명을 사랑한다는 것은 매 순간을 사랑하는 일과 다르지 않다. 운명이란 거대한 시간의 흐름 속에서 우리가 맞닥뜨리는 수많은 오늘의 합이다. '지금 여기'의 연속이 곧 우리의 삶이자 운명이 되기에 현재를 진심으로 살아내는 사람만이 자신의 운명을 온전히 끌어안을 수 있다. 오늘을 충실히 살고 주어진 길을 긍정할 때, 우리는 비로소 운명과 화해하고 자기 삶의 주인이 된다. 그리고 삶의 모든 순간에 의미가 스며들 때, 우리 인생은 찬란한 빛을 발하기 시작한다. 이것이 바로 자신의 운명을 사랑하라는 말의 참된 의미일 것이다.

누구에게나 인생은 예고 없이 틀어지는 순간이 있다. 원하지 않은 방향으로 삶이 흘러가고, 내가 상상했던 미래와는 전혀 다른 풍경 속에 서 있는 자신을 발견할 때, 우리는 종종 이렇게 말하곤 한다.

“이게 정말 나의 길이 맞는 걸까?”

“왜 하필 나에게 이런 일이 벌어졌을까?”

그러나 삶이란 본래 그런 것이다. 누구도 자신의 운명을 온전히 계획하거나 통제할 수 없다. 니체의 ‘자신의 운명을 사랑하라’는 이 말은 단순한 체념도, 마지못한 수용도 아니다. 오히려 가장 강한 자만이 할 수 있는 삶에 대한 격렬한 찬가다.

자신에게 주어진 고통과 결핍, 실패와 어둠을 외면하지 않고, 그 속에서조차 아름다움을 길어 올릴 줄 아는 사람, 그 사람이 진정 운명을 사랑하는 사람이다.

나는 한때 모든 걸 잃은 듯한 순간을 겪었다. 계획하던 일은 틀어졌고, 사람들의 관계는 엉켜 버렸으며, 내 안에는 낯선 불만이 가득했다. 하지만 그 어두운 시절 속에서 나는 묘하게도 내면의 어떤 정직한 침묵과 마주하게 되었다. 그 침묵 속에서 비로소 “왜 나에게 이런 일이”라는 질문이 “이 일이 앞으로 어떻게 될 것인가?”라는 물음으로 바뀌기 시작했다.

고통은 때때로 삶의 진짜 목소리를 들려주는 유일한 언어다. 그리고 그 목소리에 귀를 기울일 수 있을 때, 우리는 알게 된다. 삶이 우리에게 주는 모든 것은 이유 없이 주어지지 않는다는 것을.

지금 이 순간도 누군가는 치열하게 하루를 버텨내고 있을 것이다. 아무도 알아주지 않는 자리에서 묵묵히 일하고 말 못할 사정 속에서도 웃음을 흘리는 사람들이 있다. 그들에게 ‘운명을 사랑하라'고 말하는 일은 어쩌면 잔인하게 들릴지도 모른다. 하지만 그것은 모든 것을 포기하라는 말이 아니다. 오히려, 내가 발 딛고 있는 그 자리에서 다시 시작하라는 격려다.

이미 지나가 버린 과거의 실패도, 아직 오지 않은 불안한 미래도, 나를 규정할 수 없다. 오직 지금 이 순간만이 내가 만질 수 있는 유일한 운명이다.

그래서 우리는 오늘을 살아내야 한다. 카르페 디엠, 이 말은 '지금이 아니면 안 된다'는 절박한 기회주의가 아니다. 그보다는 '지금이야말로 삶의 본질'이라는 깊은 인식이다. 내일이 약속되지 않는 인생에서 오늘 하루를 온 마음으로 사랑하는 사람만이 진짜 운명을 품을 수 있다. 작은 일상을 소중히 여기고, 사소한 선택 속에도 진실을 담을 줄 아는 사람은 어떤 거대한 시련 앞에서도 부서지지 않고 단단해진다.

운명을 사랑하라. 이 말은 당신이 선택하지 않았던 과거마저 껴안고, 당신이 통제할 수 없는 미래 앞에서도 두려움보다 깊은 신뢰를 품으라는 말이다. 비틀린 길 위에서도, 버려진 자리에서도, 인생은 우리에게 말을 건다.

"이 길이 바로 너의 길이다."

그 말에 귀를 기울이고 걸음을 내딛는 순간, 우리는 비로소 삶의 주인공이 된다.

사랑하라, 오늘의 이 순간을 사랑하라, 이 모든 운명을.

계절의 길목에서

계절의 끝자락이 아쉬운 듯 머뭇거리고 있다. 낙엽이 지는 해 질 녘의 찬바람은 곧 다가올 겨울 추위를 말해 준다.

가로수 길, 비에 젖은 붉은 단풍잎은 이리저리 나부끼다 아스팔트 위에 찰싹 붙어 연인처럼 떨어질 줄 모른다. 바닥에 누워 있는 젖은 단풍잎의 색이 유난히 곱고 선명하다. 간밤에까지 내린 비바람은 아침에 일어나 보니 구름을 일시에 모두 걷어내고 사라졌다.

잠시 머물다 가는 가을비처럼 우리 인생도 그러하리라! 뒷마당에는 수북이 쌓여 비에 젖은 낙엽들만 을씨년스럽게 나뒹굴고 있다.

해가 뜨니 실낱같은 햇살이 낙엽과 나뭇가지 사이로 찾아들어 살갑게 어루만지는 듯하다. 뜨락 마당에는 어느새 가을 적

막이 소리 없이 가득 드리운다. 해마다 마주하는 계절의 길목에 서면, 왠지 가슴이 먹먹하고 마음속 깊은 곳엔 공허함이 밀려든다.

사계의 각 계절은 자연의 법칙에 순응하며 자기의 본분을 충실하게 이행한다. 모든 것을 기꺼이 내어주고 조용히 갈무리의 수순을 밟으며 떠날 채비를 서두른다. 마치 시간의 흐름을 보여주는 모래시계처럼 순식간에 흘러가 버린다.

"아니 벌써…." 내심 떠나가는 서운함보다 계절과 함께 무심히 사라지는 세월의 안타까움이 더 큰 까닭일 게다. 하나둘 그렇게 잃어버린 흔적만큼 가슴속의 그리움과 외로움도 더해 간다.

프랑스의 시인, 소설가, 극작가, 문예평론가인 '레미 드 구르몽(Remy de Gourmont)'이 낙엽 지는 가을, 인생에 대한 감회를 사랑하는 여인 '시몬'에게 보낸 깊고 강렬한 애정이 담긴 시다.

낙엽

시몬 나무 잎새 져버린 숲으로 가자.
낙엽은 이끼와 돌과 오솔길을 덮고 있다.

시몬 너는 좋으냐? 낙엽 밟는 소리가. (중략)

가까이 오라, 우리도 언젠가는 낙엽이리니.
가까이 오라, 밤이 오고 바람이 분다.

시몬 너는 좋으냐 낙엽 밟는 소리가.

어느 깊어가는 가을 수북이 쌓여 바스락거리는 마른 낙엽을 밟으며 읊조려 보았던 애송시다. 동서를 막론하고 가을은 만인의 연인이다. 가을은 자연이 그린 한 폭의 수채화요, 자연의 소리를 담은 감동의 서정시다.

물 한 방울, 바람 한 점, 햇살 한 줄기 모두 제 역할을 담당하고 조화를 이루고 있다. 자연이 만드는 건 인간이 따라갈 수가 없다. 우리는 단지 경외의 시선으로 그 아름다움을 숙연히 느낄 뿐이다. 우리 곁에 어김없이 찾아오는 봄, 여름, 가을, 겨울의 사계절이 있다는 것은 신이 내린 축복이다.

지나온 계절의 길목마다 뒤돌아보면 비로소 우리 인생이 보이고 깨닫게 된다. 철없이 지나가 버린 어린 시절의 나를 만났고 젊은 날의 꿈, 첫사랑의 설렘, 수많았던 추억들, 실패와 좌절, 머무르고 싶었던 행복한 순간들이 떠올랐다. 모두 지금의 나를 만들어준 소중한 경험들이다.

사계절의 변화는 우리 인생의 지나오는 과정을 닮았다. 각 계절이 가져다주는 새로운 시작과 끝이 인생의 여러 단계를 보여준다. 나 또한 그런 변화와 성장을 겪어왔다.

계절의 길목에서 이 여정은 나를 돌아보게 하고 성숙한 삶의 자세를 배우게 하였다. 잠시 손 놓고 가던 길 멈추고, 뒤돌아보는 여유를 가져보자. "당신의 인생길은 지금 계절의 어디쯤 지나가고 있을까요?" 젊음이 원색이라면 노년은 무채색이라고 한다. 유채색이 점점 무채색으로 변해 가는 과정이 인생일 것이다.

내게 주어진 살아가는 시간이 나의 인생이다. 인생은 시작과 그 끝이 있기 때문이다. 해마다 계절의 길목에서 보고 느끼는 자연의 세계와 음악의 세계는 우리에게 사색과 즐거움을 선사한다. 내가 좋아하는 바이올린 협주곡 중에 안토니오 비발디가 작곡한 「사계」가 있다. 이 곡은 봄, 여름, 가을, 겨울 각 계절의 풍광을 실감나게 잘 묘사하고 있다. 각 계절이 나타내는 곡의 흐름은 우리 인생의 과정을 보여주는 듯하다. 이 협주곡을 들을 때마다 나의 감정과 정서를 끌어들여 빠져들게 하는 묘한 흡입력이 있다.

어느 틈에 뒤뜰에 찬서리가 내렸고 이맘때면, 기러기 떼가 찬바람을 뚫고 바람의 줄기에 몸을 맡긴 채 따뜻한 남쪽의 품을 향해 힘찬 날갯짓으로 하늘을 가르며 날아온다. 잎이 다 떨어진 감나무도 앙상한 가지만 남았다. 가지 맨 꼭대기에 터질 듯한 빨간 홍시 두어 개만 달랑 달려 있다. 해마다 빠짐없이 들르는 터줏새 까치밥이다.

낙엽이 떨어지듯 인생에서도 때로는 놓아야 할 것들이 있다. 버릴 줄도 알아야 지킬 줄도 알겠는데, 버리지 못하는 것이 바로 우리가 지키지 못하는 이유이다.

모두 떠나버린 계절의 길목에는 잔영만 남아 있다. 자연의 모든 살아 있는 것들은 끊임없이 순환과 재생을 거쳐 자연의 섭리대로 그 자리를 찾아갈 것이다. 시간은 멈추지 않고 흐르며 계절이 바뀌듯 자연의 변화 속에서 삶의 무상함을 느낀다.

그러나 시간은 무의미하게 흘러가는 것이 아니라 시간은 쌓이고 쌓여서 무언가를 만들어 내고 이루어 낸다는 것이다. 가장 중요한 시간은 지금이다. 이 순간에 충실할 때 삶의 깊이와 진정한 가치를 의미 있게 만들어 줄 것이다.

At the Threshold of Seasons

The season lingers at its edge, reluctant to let go. The cold wind drifting through the streets at dusk foretells the winter soon to come. Along the tree-lined road, rain-soaked red maple leaves flutter briefly before clinging to the asphalt like lovers unwilling to part. Their colors, deepened by the night rain, lie vivid and luminous against the dark ground. By morning, the wind and rain that had battered the night had vanished, as though someone had swept the clouds away at once.

So it is with life — passing through us like a brief autumn rain. In the backyard, damp fallen leaves lie scattered in somber heaps. When the sun rises, strands of pale light slip between the leaves and branches, touching them with gentle warmth. Quietly, autumn's stillness settles across the yard. Standing at the threshold of the seasons, as I do each year, I feel a tightness in my chest and a hollow ache rising from somewhere deep within.

Each season follows the laws of nature, fulfilling its purpose with quiet fidelity. It gives generously, then slips away, gathering itself for a thoughtful departure. Like grains of sand falling through an hourglass, time moves swiftly and without pause. "Already?" What unsettles me is not simply the season's passing, but the sense that time itself is slipping away without notice. The more traces I lose to time, the deeper my heart fills with longing and solitude.

The French poet, novelist, playwright, and critic Remy de Gourmont expressed such feelings about autumn and life in a poem written to his beloved Simone:

Leaves

Simone, let us go into the forest where the leaves have fallen.

Leaves cover the moss, the stones, and the path.

Simone, do you love the sound of fallen leaves beneath your feet? (…)

Come closer, one day we too shall be like the leaves.
Come closer, for night is falling and the wind begins to blow.

Simone, do you love the sound of fallen leaves.

It was a poem I once recited to myself long ago, walking over rustling piles of dry leaves in the deepening autumn. Across East and West alike, autumn is a season beloved by many — a watercolor painted by nature, a lyric poem composed of its quiet sounds. Every drop of water, every breeze, every ray of sunlight plays its part in perfect harmony. What nature creates can never be matched by human hands; we can only behold its beauty with reverent stillness. To have spring, summer, autumn, and winter return faithfully each year is, in itself, a divine blessing.

Looking back on the thresholds of seasons I have passed, I begin to see my life more clearly. I meet the child I once was, the dreams of my youth, the excitement of first love, the many memories, failures, and disappointments, the moments of happiness I wished could last forever — all precious experiences that shaped who I am today.

The changing seasons resemble the journey of our lives. Each season's beginnings and endings mirror the stages we pass through. I, too, have grown through such cycles of change. Standing at the threshold of seasons teaches me to pause, reflect, and embrace a more mature stance toward life. Sometimes we must loosen our grip on the road ahead, stop for a moment, and look back. "Where in the cycle of seasons does your life now stand?"

If youth is painted in bold primary colors, then old age is said to be in muted shades. Life is the gradual fading from vivid hues to quieter tones. The time given to me is the span of my life — because life has a beginning and an end. Each year, the world of nature and the world of music offer me reflection and joy. Among the violin concertos I love, Antonio Vivaldi's The Four Seasons vividly portrays spring, summer, autumn, and winter. Its movements seem to mirror the journey of life itself. Whenever I listen, a mysterious pull draws my emotions inward, drawing me completely into its world.

Before long, frost appears across the backyard. Around this time each year, flocks of geese cut through the cold air, entrusting their bodies to the wind as they fly toward the warm embrace of the south. The persimmon tree, now stripped of its leaves, holds only a few bright red fruits hanging from its highest branches — small offerings left for the magpies that visit each year.

As leaves fall from the trees, so too must we let go of certain things in life. To protect what matters, we must learn what to release. The very things we fail to let go of often become the reason we fail to keep what we cherish.

At the threshold of a passing season, only its afterimage remains. All living things return to their place in the order of nature through cycles of renewal and return. Time does not stop; it flows onward. And as the seasons change, we are reminded of life's impermanence.

Yet time does not pass meaninglessly. It accumulates — layer upon layer — into something built, something achieved. The most important time is now. By honoring this moment, we give depth and true value to our lives.

머무르고 싶었던 순간들

어느 순간 나는 알게 되었다. 삶은 기억을 향해 천천히 걸어가는 일이라는 것을. 그리고 그 기억 속에는 언제나 머무르고 싶었던 순간들이 숨어 있다.

가슴이 벅차오르거나 세상이 나에게 등을 돌린 듯 느껴졌던 때가 아니라 오히려 아무도 기억하지 못할 소박한 한 장면, 한 기척, 한 숨결이 문득 내 마음을 스치고 건드린다. 내가 가장 깊이 살아 있었던 시간이었다. 그 기억은 내게 말한다.

"행복은 사진처럼 남지 않았다." '대신 그 순간의 공기와 온도로, 마음 깊숙이 남아 있다.'라고. 삶은 언젠가 머물고 싶어질 순간들을 지금 이 자리에서 만들어 내는 것이다.

머무르고 싶었던 순간은 계획한 적도 없고, 사진으로 남기지도 않았고 SNS에 올릴 만큼 특별하지도 않았지만, 내 마음 한편에 조용히, 깊게 스며 있었다. 지금 이 순간도 언젠가 돌아보면 머무르고 싶었던 순간이 될 것이다.

지금 내가 마시는 차 한잔, 창밖을 두드리는 비, 바람 소리, 혼잣말처럼 적어 내려간 문장 한 줄, 그 무엇도 사소하지 않다.

지나고 나면 모두가 유일한 시간이다. 당신에게도 그런 순간이 있기를 바란다. 누구의 인정도 필요 없는 그저 있는 그대로 괜찮은 시간.

이제 나는 달리기보다 멈추는 법을 배우고 있다. 조금 느리게 걸어도 괜찮다는 것. 정해진 목적지가 없더라도 오늘 하루가 스스로를 품을 수 있다면 그걸로 충분하다. 때론 텅 빈 하루가 가장 나를 가득 채워주는 시간이었다.

음악이 흐르고, 창문이 열리고, 어디선가 들려오는 물소리처럼 삶은 조용한 순간에 가장 또렷한 얼굴로 다가온다. 그 얼굴을 알아보지 못한다면, 우리는 결국 사는 듯 살지 못한 시간만 남기게 된다.

Carpe Diem. '순간을 붙잡아라'는 이 말은 더 많은 걸 하라는 말이 아니다. 지금 이 순간의 나를 외면하지 말라는 것이다. 왜일까. 그건 아마도 머무르고 싶었던 순간만이 간절하게 나를 있는 그대로 품어 주었기 때문일 것이다.

나는 이따금 그 순간들을 찾아 마음속 여행을 떠난다. 잊어버리지 않기 위해, 머무르고 싶었던 순간들의 소중한 가치를 놓치지 않기 위해서. 머무르고 싶었던 순간들을 떠올릴 때면 절로 가슴이 훈훈해지고 순간 행복감에 휩싸인다.

나는 가끔 예고 없이 그날들로 돌아가고 싶어진다. 특히 어린 날의 추억들이다. 아침 햇살에 눈을 떴을 때, 부엌에서 들려오는 엄마의 분주한 소리, 방 안 가득 퍼지던 구수하고 맛있는 냄새, 온 가족이 둘러앉아 먹던 그 시절의 집밥은 추억과 사랑이 묻어났다. 정신없이 숨바꼭질하며 동무와 뛰놀던 골목길, 그 동무들은 지금 다 어디로 갔을까.

봄 성묫길 선산에서 엄마가 나를 업고 개울물을 건너며 분홍 진달래꽃 가지를 꺾어 나에게 쥐여 주셨다. 막 꺾어진 꽃가지는 풀피리 냄새가 났다. 아직도 따뜻한 엄마의 등이 아련히 그립기만 하다. 앞으로의 삶이 아무리 빛나도 지나간 어떤 소박하고 잔잔한 행복에 비해 마음의 깊이를 남기기 어렵다. 그런 순간들은 내게 그저 존재하는 것만으로도 삶이 충분하다고 조용히 말해주는 시간들이었다.

삶은 원래 그렇게, 작은 순간 속에 자신의 얼굴을 숨기고 있다. 나는 오늘도 지키지 못할 다짐이나 목표 대신 한순간을 사랑하기로 한다.

따끈한 물에 손발을 담그며 느끼는 나른함 속에 하루의 피로가 사라지는 순간, 익숙한 음악을 들으며 흥얼거리는 순간, 맛집 기행에서 오감이 행복하고 즐거웠던 순간. 이 모든 것이 가까이서 누릴 수 있는 호사가 아닐까. 내 안의 속도로 걷는 일.

그 모든 것이 내가 살아 있다는 증거가 되어 줄 것이다. 그리고 언젠가, 기억 속 어느 페이지를 펼쳤을 때. 다시금 내가 머무르고 싶어지는 그런 순간을 살아냈다면 그 삶은, 충분히 찬란했다고 말할 수 있으리라.

머무르고 싶었던 순간들. 당신에게도 그런 순간들이 있었을 것이다. 누군가의 말보다 등을 다독여 주며 그저 함께 있는 침묵이 더 깊게 위로가 되던 날. 마음이 먼저 알아보고, 눈빛 하나로 충분했던 시간. 특별한 일이 있었던 것도 아닌데, 문득 그날의 햇살, 바람, 온기가 생생하게 떠오르는 순간.

그때 나는, 설명하지 않아도 괜찮았고 애쓰지 않아도 충분히 사랑받고 있었다. 그 기억이 지금의 나를 숨 쉬게 한다. 그래서 오늘도 나는, 그 머무르고 싶었던 순간들을 마음속에서 꺼내어 가만히 안아본다. 그곳에 다시는 갈 수 없어도 괜찮다.

그건 이미 당신 안에 살아 있는 시간이니까. 그리고 오늘, 이 글을 읽는 당신이 잠시 멈춰 숨을 쉬는 이 순간이, 어쩌면 또 하나의 머무르고 싶은 순간이 될지도 모른다.

그러니 부디, 지금 여기에서 '살아 있음'의 떨림을 잊지 않기를. 머물고 싶었던 순간들이 여전히 내 안에 숨 쉬고 있다면, 앞으로의 날들도 그만큼 덜 두렵고 조금은 더 따뜻할 테니까. 기억은 지나간 장면이 아니라 조용히 우리를 이끄는 빛이었다.

그 기억 하나만으로도 우리는 다시, 조금 더 단단히, 조금 더 깊이 살아갈 수 있으니까. 그 순간은 지나갔지만, 내 마음은 아직도 '머무르고 싶었던 순간'에 머물러 있다. 마치 잊힌 계절을 기다리는 꽃씨처럼. 행복했던 순간은 지나가도, 그 여운은 평생을 살아 숨 쉰다.

작은 생명, 큰 울림

몇 해 전, 이상기온으로 더위가 일찍 찾아왔다. 초여름의 따가운 햇볕과 후덥지근한 날씨가 한동안 지속되고 있었다. 시원한 계곡과 팥빙수가 절로 생각나는 이즈음이다.

게다가 갑자기 서울의 북서부 인근에 러브버그란 곤충이 폭증하여 지역 주민의 불만이 엄청났다. 러브버그의 공식명칭은 계피우단털파리 곤충으로 교미를 하며 날아다닌다. 머리가 두 개에다 많은 다리가 달린 형상에 사람들이 놀라며 혐오감을 토로했다.

일부 사람들은 암수가 함께 붙어 다니고, 같이 먹이도 먹으며 비행도 하고, 짝짓기를 하는 모습이 재미있다고들 하였다. 때마침 집중호우로 습도가 올라가며 하천이 많은 서대문구와 은평구 등지에서 개체 수가 폭발적으로 늘었다.

그 기괴함으로 러브버그는 연일 언론 보도에 오르내렸다. 그 지역의 많은 주민이 구청에 집단적으로 불만을 제기했다고 한다. 그 곤충들이 그저 징그럽고 혐오스럽다는 이유로 결국 대대적인 방역 조치에 박멸되었다. 이로써 귀찮은 방해꾼인 러브버그의 난은 일단 막을 내렸다.

곤충 전문가들에 의하면 사람들이 주관적으로 느끼는 흉측스러운 겉모습과는 달리 이들 곤충은 어떠한 피해도 끼치지 않는다고 한다. 모기나 빈대처럼 사람을 물거나 피를 빨지도 않으며 바퀴벌레처럼 병균을 옮기지도 않는다고 한다.

진드기나 썩은 잡초를 먹이로 삼아 꽃의 꿀을 먹고 꽃가루를 식물에 옮기며 수분을 돕는다. 오히려 사람에게 도움을 주는 유익한 곤충에 속한다고 한다. 이렇듯 자연생태계에서 곤충들은 그들만의 중요한 위치를 차지하고 제 나름의 역할을 하고 있다.

자연은 크고 작은 생명이 어우러져 조화를 이루는 곳이다. 그중에서도 곤충들은 우리가 흔히 지나치기 쉬운 존재들이지만 그들의 삶 속에는 때로 인간보다 더 인간적인 모습이 담겨있다. 인간 못지않은 모성애를 가진 곤충, 반전의 삶을 사는 곤충, 그리고 지극히 이타적인 곤충들까지 이 작은 생명이 보여주는 이야기에는 깊은 감동과 교훈이 깃들어 있다.

우리는 흔히 포유류에서 모성애를 떠올리지만, 곤충 세계에도 헌신적인 어미가 있다. 대표적인 예가 모성애의 아이콘 자벌레(Geometridae)의 어미다. 자벌레 어미는 알을 낳은 뒤, 자신의 몸을 희생하여 갓 태어난 애벌레들에게 영양분을 제공한다. 태어난 새끼들은 어미의 몸을 먹으며 성장하고 어미는 자신의 마지막 숨을 거두며 새끼들에게 바통을 넘긴다.

자벌레 어미의 희생을 보면, 우리 인간사회에서도 부모가 자녀를 위해 기꺼이 헌신하는 모습과 다르지 않다. 자신의 꿈을 미루고 밤낮없이 일하며, 때로는 모든 것을 포기하면서도 자식의 미래를 위해 힘쓰는 부모들의 모습은 자벌레 어미와 다를 바 없다. 그러나 우리는 종종 부모의 사랑을 당연하게 여기거나, 그 희생을 이해하지 못하고 지나치기도 한다.

작은 미물의 곤충 하나조차 자신의 생명을 걸고 새끼를 지키는데 우리는 과연 그 사랑을 얼마나 깊이 새기고 있을까? 사마귀는 흔히 잔혹한 곤충으로 알려져 있다. 교미 후 암컷이 수컷을 잡아먹는다는 사실 때문일 것이다. 하지만 이 이야기를 조금 더 들여다보면, 놀라운 반전이 숨어 있다. 사마귀 수컷은 죽음을 알고도 암컷에게 다가간다. 그리고 만약 암컷에게 잡아먹힌다면 그의 몸은 곧 알을 품은 암컷에게 중요한 영양분이 된다. 단순히 본능적인 행동이라 치부할 수도 있지만, 여기에는 '삶의 연속성을 위한 희생'이라는 깊은 의미가 담겨 있다.

우리 사회에서도 때로는 자신을 희생해야 할 순간이 있다. 개인의 이익을 넘어 더 큰 가치를 위해 움직일 때, 우리는 더 높은 존재로 성장할 수 있다. 사마귀 수컷의 생명은 단순히 비극이 아니다. 그것은 다음 세대를 위한 마지막 헌신이며 희생이 때로는 더 큰 생명의 불꽃을 지필 수 있다는 사실을 보여준다.

그리고 곤충 세계에서 가장 유명한 이타적 영웅은 단연 개미와 벌의 존재다. 개미들은 자신을 희생하여 집단을 보호하고 벌들은(같은 종류의) 군체를 위해 자신의 생명을 기꺼이 내어놓는다. 일벌들은 여왕벌과 집단을 위해 평생 일하다가 때로는 침을 쏘고 죽음을 맞이한다. 병정개미는 외부의 적이 침입하면 자신의 몸을 방패 삼아 길목을 막고, 위험이 닥쳤을 때 동료를 위해 스스로를 희생하기도 한다.

이들의 삶을 보면, 우리는 진정한 이타심이 무엇인지 다시금 생각하게 된다. 우리는 종종 개인의 이익을 위해 움직이고, 타인의 희생을 당연하게 받아들이며 살아간다.

그러나 사회가 유지되려면 반드시 누군가는 희생하고 또 누군가는 서로를 위해 힘을 보태야 한다. 개미와 벌은 우리에게 말한다. '혼자가 아니라 함께할 때 세상은 더 강해진다.'라고.

곤충들은 작은 몸집에도 불구하고, 우리에게 깊은 가르침을 준다. 자벌레 어미의 모성애는 부모의 희생을 돌아보게 하고, 사마귀 수컷의 운명은 때로는 더 큰 가치를 위해 희생하는 삶을 떠올리게 한다. 개미와 벌의 이타적 정신은 우리가 공동체 속에서 어떻게 살아야 하는지를 일깨워 준다.

우리는 때때로 인간만이 선택된 특별한 존재라고 생각한다. 그러나 자연을 자세히 들여다보면, 우리보다 더 깊고 순수한 사랑을 실천하는 미물의 작은 생명이 곳곳에 있다. 그리고 그들의 삶 속에서 우리는 '인간다움'이란 무엇인지 다시금 깨닫게 된다.

끝내, 우리가 인간답게 살아간다는 것 곧, 사랑을 나누고 함께 하며, 희생을 두려워하지 않는 것이란 사실을 곤충들은 조용히 가르쳐 주고 있는지도 모른다.

지금 이 순간에도 생태계의 자연법칙은 끊임없이 이어지고 있다. 작디작은 생명의 미세한 날갯짓은 우리에게 크나큰 감동과 울림을 안겨준다.

한국의 멋과 정서

한국의 멋은 여백과 단아함 속에, 아름다움으로 깊은 울림을 품고 있다. 말 없이도 많은 것을 전하는 여운이 있다.

그 멋은 곧 한국인의 정서에서 비롯된다. 겉으로는 조용하지만, 속에는 뜨거운 온기가 흐르고 절제된 듯하면서도 마음 깊은 곳에서 피어오르는 정이 있다.

옛집의 대청마루가 삐걱거림 속에, 빛바랜 마루는 세월의 흔적을 고스란히 품고 있었다. 한지 문틈 사이로 스며드는 바람은 멈춘 듯한 집 안에, 보이지 않아도 이런 틈새로 지나가며 어제와 나를 이어준다. 갓 지은 구수한 밥 냄새와 한쪽에서 소리 없이 익어가는 장독대의 향기. 이 모든 것이 한국의 멋을 이루는 풍경이다.

사계절의 멋, 사람과 사는 공간, 계절과 시간. 그 어느 하나가 떠나도 완전하지 않은, 서로가 서로를 감싸며 살아온 흔적이다.

한국의 멋은 대립보다 조화에 있다. 흙과 나무, 바람과 물, 빛과 그늘이 어울려 하나의 균형을 이루는 것.

그것은 자연을 거스르지 말고 받아들이는 태도이며, 인간의 마음 또한 그 질서 속에 두려는 겸손의 미학이다.

정서는 사람 냄새 나는 인간다움에 그 바탕을 두고 있다.

"수고 많았어요." "괜찮아요."

그 짧은 말 한마디에 스며 있는 위로와 따뜻함, 그것이 바로 한국인의 마음이다. 서로의 아픔을 조용히 헤아리고, 웃음 뒤에 숨은 눈물도 알아보는 감성.

그것은 오래도록 함께 살아온 공동체의 기억이자, 고통과 외로움 속에서도 연대하려는 인간 본능이다.

빠른 세상 속에서도 한국의 멋과 정서는 사라지지 않는다. 예전에 내가 집 안에 들어설 때, 먼지 코끝에 와닿던 어머니의 콩나물 삶는 냄새. 아궁이에서 타닥타닥 소리 내며 타오르는 불꽃에서 느끼던 아련한 그리움.

비 오는 날, 낡은 한옥의 처마 끝에서 떨어지는 낙숫물 소리. 그 멋은 우리 안의 침묵을 닮았고, 그 정서는 우리 마음의 맑은 샘과 같다.

결국 한국의 멋과 정서는 '비움 속의 충만함'이다.

채우지 않아도 가득한 마음, 드러내지 않아도 느껴지는 정과 사랑, 그리고 끝내 잃지 않으려는 품격. 그것이야말로 시대를 넘어 이어지는, 한국의 가장 깊은 아름다움이다.

그 속에서 우리는 오늘의 바람을 느끼며, 지금 피어난 꽃의 향기를 놓치지 않으려는 마음. 내일을 염려하기보다 이 순간의 숨결을 감사히 품는 태도, 바로 '순간을 사랑하는 삶'에 닿아 있다.

거슬림 없이 조화롭게, 느리지만 단단하게, 고요하지만 깊게, 우리는 그렇게 오늘의 한 조각 빛을 붙잡으며 살아간다.

그것이 바로 한국의 멋과 우리 정서의, 가장 아름다운 철학이다.

라이프 스타일이 나를 만든다

누군가의 삶을 엿볼 수 있는 가장 정확한 창은, 그가 매일 반복하는 일상 속에 있다.

새벽에 눈을 뜨는 시간, 첫 물 한잔을 마시는 방식, 걷을 때의 속도, 책상 위에 놓인 사물들, 주말 오후에 머무는 공간, 그 사소한 조각들에 그 사람의 성격과 기질 그리고 태도가 스며 있다.

거기에는 말로 다 전하지 못하는 나의 세계가 담겨 있다. 나는 오랫동안 '삶은 사건으로 채워진다.'라고 믿었다. 인생은 중요한 결단들과 거대한 성취로 이루어지는 것이라 여겼다. 그러나 나를 만든 것은 오히려 아무도 보지 않는 순간들, 눈에 띄지 않는 작은 루틴의 반복이었다는 사실을.

아침에 일어나 무심코 켜는 클래식음악, 짧은 스트레칭, 조깅, 씻은 후의 따뜻한 차 한 잔, 그 모든 것이 내 하루의 결을 결정짓는다. 그 하루는 일주일이 되고, 일주일은 한 달이 되고, 그 한 달은 결국 나라는 사람의 방향을 정해버린다. 마치 물방울이 바위를 뚫듯이, 라이프 스타일은 느리고 조용하지만, 확실하게 나를 깎아낸다.

삶은 결국, 반복이다. 우리는 우리가 반복하는 것들로 이루어진다. 그 반복이 무성의하고 불안정하면 나라는 사람은 흐릿해진다. 반대로 일상에 작은 질서와 정성을 부여하면, 삶은 조금씩 단단해진다. 꼭 대단한 루틴이어야 할 필요도 없다.

매일 같은 시간에 햇볕을 쬐고, 계절의 제철 음식을 골라 먹고, 자기 전 조용히 일기를 쓰는 정도면 충분하다. 그것은 규율이 아니다. 스스로를 돌보는 방식이며, 삶에 대한 태도의 표현이다.

라이프 스타일이란, 삶의 리듬이고, 무의식중에도 내가 나 자신을 대하는 거울이다. 나는 이제 더 이상 무언가를 증명하려 애쓰지 않는다. 대신 오늘 하루를, 조금 더 성실히, 조금 더 단정하게 살아내려 한다.

바쁘다는 이유로 스쳐 지나갔던 계절을 이제는 천천히 느끼고, 주말 오후엔 휴대폰 대신 책장을 넘긴다. 마트에서 장을 볼 땐 계절의 채소를 고르고, 하루에 한 번은 나에게 좋은 말을 건네려고 노력한다.

삶의 표면은 크게 달라지지 않았지만, 내면의 풍경은 전보다 훨씬 고요하고 따뜻해졌다. 그렇게 하루를 설계하는 것은 단지 건강한 습관의 문제가 아니다. 그건 스스로를 어떻게 대접하느냐에 대한 태도이고 라이프 스타일은 우리가 일상의 반복하는 것들이다. 그리고 그 반복은, 아주 천천히, 그러나 놀라운 방식으로 우리를 변화시킨다.

그러니 오늘의 작은 선택이 모여 내일의 내가 된다면. 나는 어떤 스타일로 나를 만들어갈 것인가. 라이프 스타일은 유행이 아니다. 그것은 시간 위에 쌓이는 나의 방식이며, 반복 속에서 서서히 완성되는 나만의 문장이다.

누군가는 성공을 향해 달려가고, 누군가는 '완벽함'을 좇겠지만 나는 스스로에게 묻는다. '오늘 나는 나를 어떻게 대했는가?' 화려함보다 일상의 성실함이 더 어렵고, 정해진 루틴보다 내 마음을 지키는 습관이 더 오래간다.

그래서 나는 오늘도 내 하루를 잘 설계하려 한다. 무너질 수 있는 나를 다시 세우기 위해. 변화를 꿈꾸기보다, 계속해서 살아내기 위해. 그렇다. 라이프 스타일이 나를 만든다.

그 말은, 결국 이런 뜻이다. 우리가 매일 아침 몇 시에 일어나고, 무엇을 먹고, 누구를 만나고, 무엇에 시간을 쓰고, 어떤 생각을 품느냐는 작고 사소한 선택들이 모여 결국 '나'라는 사람을 만든다는 것이다.

인생은 거창한 결심보다 내일의 루틴에 더 큰 힘이 있다. 하루하루 반복되는 행동 속에 나의 성격이 깃들고 내 가치관이 쌓이며, 내 삶의 모양이 만들어진다.

그러니 삶이 흔들릴 때는 먼 미래를 탓하기 전에, 오늘의 생활방식을 다시 들여다봐야 한다. 지금 내가 살아내는 방식이 곧 나의 모습이 되고 나의 내일이 된다.그리고 그 모든 순간이 모여, 결국 내가 누구인지 말해 줄 것이다.

프리드리히 니체는 말했다. "반복은 삶의 본질이다. 우리가 반복하는 것을, 우리는 사랑해야 한다." 나는 오늘의 나를 사랑하는 방식으로, 나의 하루를 반복해 가려 한다.

누구보다 내가 나를 존중하는 일. 어느 날의 찬란함이 아니라 모든 날의 조용한 선택들이 나를 만든다는 것을 잊지 않기 위해서.

Holy Moly

(어머나, 세상에!)

길을 걷다 나는 아무런 기대 없이 어느 전시장에 들렀다. '잊혀진 것들에 대한 전시'라는 작은 팻말 하나가 언뜻 내 눈에 들어왔다. 미술관도, 박물관도 아니고, 이름난 작가의 전시회도 아닌 이곳에 무슨 볼거리가 있겠냐며 무료함의 심심풀이로 문을 열었다. 그러나 안으로 들어서자마자 나는 순간 숨이 멎는 듯했다.

Holy Moly(어머나, 세상에!).

어머나, 이런 게 남아 있다니. 세상에, 이런 걸 아직 기억해내고 모아서 전시한다는데 놀랍기만 하다. 안에서는 조용한 음악과 잉크 냄새 비슷한 종이의 향이 나를 반겼다.

Holy Moly. 그 말이 마음속 깊은 데서 올라왔다.

그 순간 나는 알았다. 이 전시는 '잊힌 것들'이 아니라 '잊고 살았던 나 자신'을 위한 전시였다는 것을. 사방으로 늘어선 공간에는 그 시절을 보여주는 오래된 물건들이 전시되어 있었다.

왠지 정감이 가는 투박한 글씨체의 손 글씨, 조금은 삐뚤어진 액자 속 사진 한 장이 내 마음을 오래도록 붙잡았다. 누군가의 숨결과 마음이 그대로 스며 있었고, 나는 그 앞에서 한참을 멈춰 설 수밖에 없었다.

먼지 쌓인 라디오 한 대가, 추억의 옛날 벤또라 불리는 찌그러진 양은 도시락통, 오래된 흑백사진, 내가 쓰다 만 것 같은 몽당연필, 도화지와 크레용, 색색으로 수를 놓은 빛바랜 자주 횃댓보 그리고 누군가의 털실 목도리, 꽃고무신, 모서리가 닳아버린 누런 편지봉투…. 세월을 지나온 여러 가지 생활 소품들이 그 자리에서 나를 기다리고 있었다.

그것들은 단지 물건이 아니었다. 말없이 한세월을 살아낸 존재들이었다. 쓰임을 다하고 버려졌거나, 더 이상 불리지 않았던 이름이 되었거나, 너무 평범해서 아무도 주목하지 않았던 것들.

그날 전시장에서 나는 마치 오래된 물건들이 나에게 말을 거는 듯한 순간의 감정을 느꼈다. '너도 한때는 나를 좋아했었지.' '너의 어린 시절에 나는 분명히 거기 있었어.' '잊지 않았다고 말해줘.'

Holy Moly.

그 물건들은 애써 무심한 듯하지만, 속으로는 얼마나 불러주고 알아봐 주길 원했을까? 이름 없는 하루 속에서, 아무도 기억해 주지 않는 시간 속에서, 조용히 스러져간 그 수많은 작은 존재들이 지금 여기 모여 마지막 한 번을, 누군가의 눈동자에 담기길 기다리고 있었던 걸까.

그리움이란 그저 사람이 사람을 그리워하는 일만은 아니었다. 무언가를 순수하게 좋아하던 시절의 마음, 천진스러운 맑은 눈동자, 누군가의 이름을 종이에 꾹꾹 눌러쓰던 손끝의 진심. 그 모든 것들이 잊힌 물건 속에서 되살아났다.

Holy Moly.

이토록 조용한 전시에서, 나는 세상의 모든 이야기를 들었다. 말없이 버려진 것들이 사실은 얼마나 큰 울림을 품고 있었는지를. 작고 낡은 것들이 주는 추억과 감동이 늘 우리 곁에 머물러 있었다는 것을 알았다.

나는 문득 내 삶 속에서도 잊고 지낸 것들이 떠올랐다. 무심히 던져두었던 지난 과거의 아끼던 물건들, 잊힌 채 시간에 덮여버린 소중했던 순간의 사진들. 그리고 오래전 '나'라는 이름으로 썼던 일기장.

Holy Moly.

우리도 누군가의 기억 속에서 언젠가는 잊힌 존재라는 생각이 들자 세상의 모든 것들이 더 따뜻하게 다가왔다.

잊혔다는 것은, 한때 누군가의 전부였다는 증거이니까. 사라진다는 것은 분명히 존재했었다는 가장 아름다운 방식이라는 것을.

그 전시는 끝났지만, 내 안의 전시는 시작되었다. 내가 잊은 것들을 다시 불러내는 전시. 조용히 이름을 불러주고, 잠시라도 다시 풀어주는 전시 누가 만들지도, 누구의 것도 아니지만 이 모든 것이 내 것이기도 했다. 내가 흘려보낸 시간, 그 시간 안의 나. 밖으로 나오는 발걸음이 쉽게 떨어지지 않았다.

Holy Moly.

그 말이 또 한 번 속으로 터졌다.

이번에는 감탄이었고, 감사였고, 작지만 또렷한 확신이었다.

삶은 끝없이 앞을 향해 달려가는 것이 아니라 가끔은 멈춰서서 나를 다시 바라보는 것이다.

지금 이 순간을 소중히 여기고 느끼는 그 안에서 나를 돌아보고 느끼는 것이다. 그리고 언젠가 나도 누군가의 전시에 조용히 걸리기를 소망하는 Holy Moly, 그런 날을 꿈꾸며.

마음속 힐링이 필요한 날

가끔은 말 없는 위로가 필요하다. 그저 가만히 내 마음을 바라봐주는 무언가. 바로 그런 날, 나는 넷플릭스에서 「드라이빙 미스 데이지」를 꺼내 보았다. 이 영화는 인종차별과 노년의 외로움 그리고 인간관계의 진정한 의미를 섬세하게 그려낸다.

화려한 액션이라 극적인 전개 없이도 사람과 사람 사이의 연결이 얼마나 큰 위로가 될 수 있는지를 보여준다. 마음속 힐링이 필요한 날, 이 영화는 조용히 다가와 따뜻한 손길을 내민다. 이 영화가 특별한 이유는 감정을 강요하지 않는다는 점이다. 삶의 모서리에서 나직이 스미는 온기를 보여준다. 인종, 계층, 세대의 차이가 '마음'이라는 언어 앞에서 얼마나 무력해지는가를 영화는 천천히, 그러나 분명하게 말한다.

배경은 1940년대 미국 조지아. 자동차 사고 이후 운전을 금지당한 고집스러운 백인 노부부 데이지와 그녀의 운전사로 고용된 흑인 남성 호크, 그들의 첫 만남은 서로를 경계하고 불편해하는 시간이었다.

데이지는 자존심이 강하고 절제된 삶을 살아온 사람이다. 호크는 인내심 있고 따뜻하며 차별과 냉대는 익숙히 견디는 법을 안다. 그렇게 두 사람은 삶의 가장자리에서 마주선다. 하지만 시간은 두 사람의 마음의 거리를 천천히 좁혀 놓는다. 장거리 운전 중 나눈 대화. 잔소리 섞인 잔잔한 일상, 서로를 걱정하게 되는 어느 순간, 말없이 건넨 한줄기 미소다.

길 위에서 오가는 눈빛 사이에는 '가족도 친구도 아닌' 그러나 그 어떤 관계보다도 깊은 유대가 자란다. 그리고 결국 영화의 마지막 장면에서 데이지가 호크에게 조용히 속삭인다.

"당신은… 내 가장 좋은 친구예요."

그 한마디에 담긴 진심은 오랜 시간 함께한 두 사람의 깊은 유대를 상징하며, 관객의 마음에도 잔잔한 울림을 남긴다. 그 말은 단순한 대사가 아니었다. 그것은 오랜 침묵 끝에 도달한 진심이었고, 삶이라는 여정 속에서 한 사람에게 내미는 따뜻한 손이었다.

나는 그 장면을 보며 문득 오래된 사진 속 누군가를 떠올렸다. 곁에 있었지만 만나지 못했던 고마움, 사소한 일상이 쌓여 만든 깊은 정, 그 모든 것을 놓치고 난 뒤에야 비로소 깨닫는 사람.

「드라이빙 미스 데이지」는 우리에게 묻는다. 누가 당신의 삶의 조수석에 앉아 있었느냐고. 그리고 그 사람에게 당신은 언제 마지막으로 '고맙다'고 말했는지.

삶은 길고도 짧다. 그 길 위에서 말없이 나를 기다려 주는 사람이 있었다면 그것만으로도 살아갈 이유가 되지 않을까. 마음속 힐링이 필요한 날. 나는 이 영화를 통해 다시 배운다. 진심은 말보다 더 오래 남는다는 것이다. 그리고 결국 마음이 마음을 위로한다는 것이다.

그리고 또 하나의 영화는, 우리가 살다 보면 어떤 날은 이유 없이 마음이 무겁다. 인생이 예상대로 흘러가지 않을 때, 사랑과 관계로 마음이 아플 때, 자신이 너무 평범해 보여 의기소침해질 때가 있다.

이럴 때 이 영화가 주는 감동의 여운을 따라 「포레스트 검프」가 우리에게 건네는 메시지를 다시 한번 되새겨 본다.

포레스트 검프는 단순히 한 사람의 인생을 보여주는 영화가 아니다. 어쩌면 모두가 마음속에 품고 있는 순수함, 용기, 그리고 삶을 바라보는 또 다른 방식을 일깨워 주는 이야기다.

어떤 중학교에서는 전교생이 이 영화를 보고 느낀 바를 직접 앞에 나와 발표하도록 했다고 한다. 그만큼 이 영화는 각자의 가슴에 다른 울림을 남기고, 가치관을 세우게 만드는 힘을 가지고 있다.

이 영화는 말없이 빛나는 한 문장을 건넨다.

“Life is like a box of chocolates(인생은 초콜릿 상자 같아요). 열어보기 전에 무엇이 들었는지 알 수 없죠.”

영화 「포레스트 검프」는 이 한 줄의 대사로 수많은 사람의 인생을 위로해 왔다. 포레스트(Forrest)는 지능은 낮지만, 그 누구보다 순수한 마음을 지닌 사람이다. 그는 고통을 두려워하지 않고, 사랑을 계산하지 않으며, 어떤 환경에서도 그저 있는 힘껏 ‘달린다.’ 그리고 그 달림의 끝에서, 우리 인간이란 얼마나 위대한 존재인지 마주하게 된다.

그의 사랑 제니. 수없이 무너지고 상처받는 삶 속에서도 포레스트는 단 한 번도 제니를 원망하지 않는다. 그의 말투는 느리고 서툴지만, 그 안에 담긴 사랑의 깊이는 누구보다 넓고 따뜻하다. 그의 어머니. 가난 속에서도 아들을 있는 그대로 사랑한, 한 사람의 어머니. “네가 할 수 있는 만큼만 열심히 해. 그걸로 충분해.”

우리는 이 영화를 통해 ‘누구나 어떤 모습으로도 충분히 사랑받을 자격이 있다.’라는 인간 본연의 메시지를 배운다.

포레스트는 대통령을 만나고, 전쟁터에서 영웅이 되고, 거대한 새우 회사를 일구지만, 그 어떤 장면보다도 우리 가슴을 울리는 순간은 그가 단 한 사람을 위해 벤치에 앉아 조용히 기다리는 장면이다. 왜냐하면, 진짜 위대함은 드러나는 성공이 아니라, 누군가를 끝까지 사랑하는 마음에서 나오기 때문이다.

「포레스트 검프」는 거창하지 않아도 괜찮다는 걸 알려주는 영화이다. 인생은 예측할 수 없고, 모두가 똑같이 잘 살 수는 없지만, 누구나 '자기만의 방식'으로 살아갈 수 있다는 것. 그 자체가 기적이라는 걸 말해 준다.

그리고 그 기적은, 당신에게도 있음을.

비움으로 채우는 삶

인생은 때때로 두 개의 길을 놓고 흔들린다.

하나는 소유의 길, 다른 하나는 향유의 길.

소유는 손에 쥔 무게로 존재를 증명하려 하고 향유는 마음에 새긴 빛으로 존재를 완성하려 한다.

우리는 살아가며 많은 것을 소유해 왔다. 집, 자동차, 보석함, 책, 은행 통장, 서랍 속의 작은 기념품들, 이름이 적힌 명함 한 장까지, 그 모든 것이 나를 설명해주는 듯하지만, 문득 고요한 순간에 홀로 앉아 있노라면 깨닫는다.

그토록 모았던 것들이 마음을 온전히 채워준 적이 있었던가.

그 모든 소유의 목록들이 내 안의 빈자리를 메워 주었던가.
반면 향유는 순간을 살아내는 예술이다.

한잔의 따뜻한 차를 음미할 때, 한 권의 책에 마음을 기울일 때, 봄날 창가에 스며드는 햇살을 느낄 때, 그 짧고도 깊은 시간들이 삶의 온도를 높여준다.

소유는 손에 잡히는 세계다. 그러나 향유는 마음에 스며드는 세계다. 소유는 외부를 채우고 향유는 내면을 적신다. 한 송이 꽃을 사는 것은 소유다. 그러나 그 꽃의 향을 깊이 마시며 잠시 세상의 시름을 잊는 것은 향유다. 좋은 와인을 구입하는 것은 소유이지만 그 한잔을 기울이며 사랑하는 이와 눈빛을 나누는 순간은 향유다. 삶이 주는 가장 큰 기쁨은 어쩌면, 향유라는 이름의 순간들에게서 온다.

소유는 늘 더 많은 것을 원하고, 향유는 지금 여기에 감사한다. 소유는 끝없는 목록으로 남고, 향유는 시가 되어 마음속에 새겨진다.

그래서 나는 이제 욕망의 목록을 줄이고 싶다. 더 많은 것을 쌓기보다 더 깊이 누리고 싶다.

비록 작고 단순한 삶이라도 그 하루하루를 향유 할 줄 안다면 그것이야말로 진정한 부가 아닐까.

그렇다고 해서 소유를 부정하려는 것은 아니다. 소유는 삶의 기반이고, 향유는 삶의 의미다. 땅 위에 집을 짓는 것은 소유이지만, 그 집에서 가족과 함께 나누는 웃음은 향유다. 결국 중요한 것은 균형일지 모른다. 소유에 집착하면, 삶은 무거워지고, 향유만 좇으면 삶은 공허해진다.

소유는 시간의 흐름 속에 무너질 수 있지만, 향유는 기억의 가장 깊은 곳에 영원히 남는다.

그러나 더 깊이 생각해 보면, 향유란 혼자서만 누리는 기쁨이 아니다. 진정한 향유는 함께할 때 더욱 빛난다. 예기치 못한 일로 이웃이 불행에 맞닥뜨릴 때 따뜻한 위로와 함께 기꺼이 도움의 손길을 내밀어주는 것. 때로는 내가 먼저 베푼 작은 친절 하나가 상대의 하루를 환히 밝히고, 그 울림은 다시 나에게 돌아와 마음을 덥힌다.

그러니 향유란, 결국 서로를 향한 마음의 흐름이 아닐까. 혼자서도 누리고, 더불어 나누어 누릴 때, 그 순간은 비로소 완전한 기쁨이 된다.

가벼운 손으로 살고, 깊은 마음으로 살아가되, 그 마음을 기꺼이 나누는 사람으로 남으리라. 소유보다 향유의 가치를 먼저 기억하는 사람으로 남으리라.

가장 값진 것은 갖는 것이 아니라, 누리는 것이다. 소유는 물질을 채우고, 향유는 존재를 채운다. 나는 이토록 불완전한' 삶 속에서도 가장 온전한 순간들을 향유하며 살아가고 싶다.

가장 아름다운 삶은 필요한 만큼만 소유하고 매순간을 향유하는 삶일 것이다. 오늘, 나는 스스로에게 묻는다. 나는 얼마나 많은 것을 가지려 했으며, 얼마나 깊이 누려 왔는가. 지금 이 순간, 눈앞의 작은 기쁨을 마음껏 음미하고 있는가.

삶이란 어쩌면 소유에서 자유로워지고, 향유에 눈뜨는 과정일지도 모른다. 그리고 나는, 이제부터라도 소유보다 향유의 삶을 걸어가고 싶다.

그리하여 언젠가 내 삶이 한 권의 책으로 엮일 때 그 마지막 장에는 이렇게 적히길.

'나는 많이 가지지 않았으나, 깊이 누리고, 아낌없이 나누며 살았다.'

4

사랑의 묘약

고요는 가장 깊은 지혜의 언어다.

- 에크하르트 톨레

어느 노년의 초상

벌써 6월의 오후는 조금 일찍 찾아온 더위로 열기가 느껴졌다. 나는 복잡한 지하철 통로를 따라 부지런히 걸어가고 있었다. 여느 지하철 일상의 풍경이 이어지면서 오가는 인파 속에 파묻혀 바쁜 발걸음의 사람들이 몰려 지나가고 있었다.

그 사이로 백발이 성성한 지친 표정의 웬 할머니가 순간 내 눈 안에 들어왔다. 아마 할머니 모습이 생동감 넘치는 지하철역의 분위기와는 사뭇 달랐기 때문이다. 거의 직각으로 굽어진 등에 멘 배낭은 할머니가 걸음을 옮길 때마다 좌우로 심하게 흔들렸다. 한쪽 손에는 아래가 축 처진 묵직해 보이는 빛바랜 낡은 천 조각을 덧댄 보따리를 들고 위태롭게 성치 않은 몸으로 뒤처질세라 있는 힘을 다해 절뚝거리며 걸어가고 있었다. 마치 블랙홀로 빨려들어 가는 듯 나의 시야에서 잠시 보였다 사라졌다를 반복하였다. 힘에 부친 듯 보이는 할머니는 끊어진 바이올린의 날카로운 파열음처럼 어느새 인파 속 통행의 흐름을 방해하고 있었다.

나도 모르게 할머니가 안타깝고 염려가 되어 잰걸음으로 가까이에서 뒤를 쫓아가며 "할머니, 제가 그 보따리 전철 타는 문 앞까지 들어다 드릴게요." 말하고는 대답을 듣기도 전에 얼른 내 손으로 옮겨 쥐었다. 보따리는 한쪽 어깨가 기울 만큼 묵직했다. 할머니의 보폭에 맞추어 걷다 보니 어느새 전철 타는 문 앞에 다다랐다.

마침내 전철이 역구내에 들어오는 소리에 줄 서 있던 사람들이 이내 안으로 들어갈 태세를 하였다. 전철 자동문이 '스르륵' 열리는 찰나 나오려던 사람들이 순간 멈칫하며 한가운데 서 있는 할머니를 귀찮은 듯 "뭐야?" 하는 표정으로 성가시다는 눈빛을 보내는 이도 있었다. 승객들이 미처 나오기도 전에 이미 할머니의 한쪽 발이 대기선을 이탈하여 전철 문 중간 한가운데를 용감하게 선점한 채 무단 점령하고 있었던 것이다. 생존을 위한 할머니의 억척같은 삶을 힘들게 살아오면서 나름대로 터득한 한 단면을 보는 듯하여 안쓰러움과 함께 마음이 짠하였다.

문이 닫히고 출발한다는 안내방송과 함께 전철은 가던 길을 무심히 달리기 시작했다. 많은 승객으로 안은 조금 후덥지근

했다. 할머니는 익숙한 듯 어느새 노약자석에 털썩 주저앉아 서 있는 나를 이리 오라 손짓하고 계셨다. 등 뒤에 멘 배낭은 그대로 둘러멘 채 앞으로 몸이 쏟아지듯 앉아 힘들게 지탱하고 계셨다. 보따리를 받아 아래에 내려놓고는 옆 빈자리를 가리키며 나에게 "여기 내 옆에 어서 앉으시오." 하며 큰소리로 말씀하셨다. 가까이서 본 작은 몸집의 할머니는 세월의 온갖 풍상을 다 겪으신 듯 거무튀튀한 피부에 굵고 깊이 파인 얼굴의 주름이 도드라져 보였다. 초췌한 모습은 얼핏 보아도 90세 전후의 고령임을 짐작하게 했다. 맞은편 앉아 있는 사람들이 할머니의 초라하고 남루한 행색을 이리저리 살피며 나도 한 번씩 힐끔힐끔 쳐다보며 호기심의 눈길을 거두지 않았다.

갑자기 할머니께서 내 손을 덥석 잡고 주머니를 부스럭거리며 뒤지시더니 내 손에 무언가 꼭 쥐여 주셨다. "아니에요, 저는 괜찮습니다, 나중에 할머니 드세요." 정색하고 만류했으나 "내가 고마워서 주는 것이니 받아주시오." 말씀하시는 할머니의 진심 어린 눈빛이 느껴졌다. 더 이상 성의를 사양하는 것도 예의가 아닌 것 같아 "이러지 않으셔도 되는데… 감사합니다. 잘 먹겠어요." 하며 손을 펴보니 예전에 시어머니도 즐겨 드시던 눈에 익은 누룽지사탕 두 알이었다. 순간 가슴에 뭉클함이 밀려왔다. 얼마 지나서 할머니의 위태로운 하차가 기다리고 있었다. 내가 보따리를 출구 문 앞까지 들어서 건네 드렸다.

할머니는 어디서 그런 힘이 아직도 남으셨는지 후다닥 잽싸게 보따리를 받아들고는 뒤도 안 돌아보고 절뚝거리시며 휑하니 가 버리셨다. 마치 장맛비로 물이 불어 기세등등한 강물의 소용돌이를 헤치고 거슬러 올라가는 듯 보였다. 가라앉은 마음의 여운이 채 가시기도 전에 "저 정도 되면 나다니지를 말아야지 민폐야, 민폐." 하는 소리가 어렴풋이 내 귀를 때렸다. '동냥은 못 줄망정 쪽박이나 깨지 말지!' 아까부터 두 젊은 여자가 힐끗힐끗 보며 둘이 속닥거리는 것을 보았던 터라 나도 모르게 두 여자에게 곱지 않은 시선이 그들에게 향하고 있음을 느꼈다. 저 할머니도 누군가의 소중한 어머니고 아내이며 어렸을 때는 부모로부터 귀여움과 사랑을 한 몸에 받고 자랐을 것이라는 생각이 미치자 안타까움이 더하였다.

풀잎에 맺힌 이슬과도 같은 '초로인생'이란 말이 떠오르며 인생의 허무하고 덧없음이 새삼 느껴졌다.

삶은 마치 바람 앞의 등불과 같다. 언제 꺼질지 모르는 찰나의 연속이다. 그러나 그 순간순간이 모여 우리의 이야기를 완성해 간다. 프랑스 작가 롤랑(Romain Rolland)은 이렇게 말했다. "나는 존재하는 전부가 아니다. 허무와 싸우는 생명이다. 나는 허무가 아니다. 허무 속에 타는 불이다. 나는 영원한 싸움이다." 이처럼 우리는 허무함 속에서도 의미를 찾으며 인생이라는 항해를 계속해 나가는 것이다. 우리 인생에도 비가 내리지만 그치지 않는 비는 없고 바람이 불지만 멈추지 않는 바람은 없다. 꽃이 아름답게 피어 있어도 지지 않는 꽃이 없듯이 그 무엇도 영원한 것은 없다.

기쁨도… 슬픔도… 사랑도… 친구도… 젊음도….

노후에는 젊을 때보다 나이 들어 더 편안하고 나름대로 소소한 일상의 행복과 함께 큰 고통과 어려움 없이 여생을 보내며 노년의 삶이 살아 있는 날의 마지막 축복이 되기를 간절히 바란다.

더불어 사는 세상, 소외된 이웃의 아픔을 외면하지 않고 배려하는 마음으로 먼저 손을 내밀고 조금만 곁을 내어준다면 따뜻하고 살 만한 사회로 성숙되지 않겠는가. 우리 마음속에 갖고 있는 가치 있는 작은 한 부분들이 모여 밤하늘의 반짝이는 무수한 별들처럼 스스로 빛을 발하며 큰 빛으로 번져나갈 때, 그 힘이 우리 삶을 지탱하는 소중한 원동력이 될 것이라고 믿기 때문이다.

내 영혼의 굳은살

어느 순간 나는 내 안에서 무언가가 조용히 꺼지고 있다는 것을 느꼈다. 시시각각 세상에서 벌어지는 사건 사고들, 타인의 불행과 슬픔 속에서도, 마땅히 떨려야 할 자리에서조차, 점차 옅어지는 감각을 깨닫는다. 그저 나와 우리 가족의 일이 아닌 것에 안도하며 무심히 지나쳤고 잊혔다.

삶의 무게에 눌려 감정이 무뎌지고, 신앙의 열정이 식어가는 것이다. 내 안에 있는 침묵은 평온이 아니라 오랜 시간 쌓여온 무관심과 회피가 내 영혼에 굳은살로 만들어가고 있다는 것을 알았다.

사랑을 말하며 용서는 계산했고, 진리를 입에 담으면서도 그 진리에 온전히 맡기지 않았다. 기도는 했지만 순종은 미뤘고, 회개는 했지만 회심은 피했다. 그렇게 내 영혼 위엔 자꾸

만 한 겹, 또 한 겹 딱딱한 껍질이 자라났다. 나는 오염된 영혼의 한 꺼풀을 벗어내고 싶었다. 다시금 처음처럼 떨리는 감정을 느껴보고 싶었다. 나는 늘 죄 앞에서 경계하며 멀리하려 했고, 은혜 앞에서 겸손히 무릎을 꿇었다. 떨리는 심장으로 하나님 사랑하기를 갈구해 왔다.

그러나 그것은 단지 감정의 문제가 아니었다. 그것은 오래된 회피의 결과였고, 말씀이 더 이상 찔러 들어오지 못하게 만든 스스로의 방어막이었다. 나는 세상에 기대어 살아남는 법을 배운 대신, 하나님 앞에 온전히 나 자신을 내어놓고 순종하며 사는 법을 어느 순간 잃어버렸다.

그리고 오늘 나는 다시 고백한다. 나의 무뎌진 심령을 그 두꺼운 영혼의 굳은살을, 그것을 도려내는 고통이 따르더라도 나는 피 흘리며 회복되길 바란다.

내 영혼이 주를 찾기에 곤고하오며, 주의 말씀을 바라나이다

시편 119:81

신앙이란 끝없는 순례길, 믿음이란 늘 흔들리는 발걸음 위에서 주님의 손길을 다시 찾는다. 나는 오늘, 내 속 깊이 자리한 굳은살을 바라보며 그 속에 아직 남은 순수의 불씨를 일으켜 세운다.

"내 영혼아 깨어나라."

다시 떨고, 다시 불타고, 다시 주께 울어라.

내가 잊고 있던 처음의 나를, 하나님의 손에서 빚어진 그 순전함으로 다시 돌아가기를.

너희는 이 세대를 본받지 말고 오직 마음을 새롭게 함으로 변화를 받아 하나님이 기뻐하시는 뜻이 무엇인지 분별하도록 하라.」

로마서 12:2

사모의 정

어머니, 나의 처음이자 마지막 이름입니다.

세모시 치마 한 자락이 바람에 나부낄 때마다 나는 어머니를 떠올리게 된다. 어느새 온기와 촉감은 사라졌지만 그 결은 아직도 마음에 남아 있다. 진한 그리움 한 줄 남기고 떠나신 어머니. 그 애달픈 마음, 깊어가는 사모의 정은 세월의 무게만큼 쌓여만 간다.

옥색 치마저고리가 맵시 있게 잘 어울리시던 어머니, 한평생 쪽진머리, 버선발, 한복을 즐겨 입으셨다. 막내딸은 그런 어머니를 친구 엄마보다 나이 들어 보인다고 양장을 하라고 철없이 떼를 썼다.

내가 책상에 앉아 시험 공부할 때면 말없이 아랫목에 앉아 바느질하시던 뒷모습. 그것은 무언의 메시지를 보내는 자식

사랑이었다.

대청마루에 흰 광목천을 다듬잇돌 위에서 두들기시던 그 방망이 소리는 강약, 중강약의 운율이 경쾌하였다. 햇살이 방 안 가득 머무는 한낮의 오수(午睡)는 방망이 소리도 거슬리지 않고 절로 솔솔 잠을 불렀다.

어머니가 살짝 풀 먹인 광목천으로 만든 이불보는 그 무더운 한여름에도 풋풋한 냄새와 고실고실함의 감촉을 잊을 수가 없다. 어머니는 하루 종일 가장 먼저 바삐 움직이고, 소리 없이 인내로 참으시며 늘 먼저 챙겨주셨다. 무엇을 얻으려 하지 않았고, 오히려 당신을 덜어내 우리를 채우셨다. 그걸 나는 사랑이라 이름 붙이기 전에 당연한 익숙함이라 착각했다. 사랑이란 말은 너무 흔하고 그리움이라 말하기엔 때로 너무 작다. 어머니의 삶은 그런 단어들로 다 담기지 않는다.

어느 날 문득, 내 손등에 잡히는 핏줄이 어머니의 손을 닮아 있었다. 그제야 깨달았다. 나는 평생 어머니의 시간을 따라 자라온 것이다. 어머니가 멈춰선 곳에 내 오늘이 피어 있었던 것이다.

어머니는 늘 조용히 나를 기도했다. 그냥 "밥은 먹었니?" "감기 조심해라."라는 말 속에 그분의 기도가 숨어 있었다. 사랑을 표현하지 못하는 세대가 아니라, 사랑을 삶으로 표현해 낸 존재. 그분이 어머니였다.

나는 아직도 어머니에게 사랑한다고 말하는 게 서툴다. 그래서 어쩌면 이 글이 내가 어머니께 드릴 수 있는 가장 온전한 "사랑합니다."일지 모르겠다.

이 글을 쓰는 동안, 오래전 시 한 편이 떠올랐다. 「어머니는 그래도 되는 줄 알았습니다」라는 시. 하지만 이제는 알고 있다. 어머니는 그러면 안 되는 분이셨다는 걸.

그래서 나는 오늘 나만의 시로, 간절한 그리움을 마음에 담아 어머니께 헌정 시를 바친다.

사모의 정

어스름 달빛이 숨결처럼 깃들고
묵은 그리움이 살며시 피어난다

아득한 기억 속 그날들이
애틋하게 가슴을 적시는데

어여삐 가지런히 그어진 아미
옥색 세모시 치마에 스미던 온기
그 잔상이 긴 여운되어 나를 감싸고

아련한 그 모습이 안개처럼 번지며
눈가를 흐리운다

오매불망 잊지 못할 님이시여
가시는 듯 홀연히 다시 돌아오소서

적막한 달빛은 말없이 흐르고
바람마저 숨을 죽인다

진한 그리움은 붉은 동백꽃 되어
가슴속에 피어나 살아 있네

애끓는 사모의 정은 심연의 바다보다
넓고 깊어라

어머니, 당신이 떠난 자리에 남은 건…. 끝내 마르지 않는 그리움이었습니다.

사랑의 묘약

이 세상에 태어나기도 전에, 누군가의 기다림이 있었고 아직 이름을 갖기 전부터, 우리는 사랑받기 위해 존재했다.

사랑이 시작될 때 세상은 말을 멈추고 심장만이 소리를 낸다. 쿵쾅, 쿵쾅…. 그건 설렘이 두드리는 문의 두드림이고, 두려움이 내딛는 맨발의 발걸음이다.

사랑은 늘 가장 작고 사소한 것에서 시작된다. 누군가의 눈빛에 머물던 잠깐의 떨림, 무심히 건네진 따뜻한 말 한마디, 비 오는 날 우산을 나에게 살짝 더 기울여주던 그 손짓, 그 모든 것이 사랑의 원료였다. 그렇게 모인 감정들이 시간과 함께 발효되면, 언젠가 마음의 가장 깊은 곳에서 한 방울의 묘약이 만들어진다. 그 묘약을 마신 자는 변한다. 그전에 보이지 않던 것들을 보기 시작하고, 잃고 싶지 않은 것 앞에서 처음으로 자신을 낮춘다.

사랑은 우리를 약하게 만들면서 동시에 강하게 만든다. 상처를 주기도 하고 그 상처를 덮어 주기도 한다. 그래서 사랑은 단순한 감정이 아니라 존재의 형태를 바꾸는 힘이다. 사랑을 한다는 것은 자신의 시간을 기꺼이 나누는 일이다. 내 하루의 끝에 그 사람이 있기를 바라는 것.

내일도, 그다음 날도 같은 이름을 마음에 품는 것. 사랑의 묘약에는 유통기한이 없다. 마신 순간은 짧아도, 그 여운은 때로 평생을 흔든다. 다 끝났다고 믿은 뒤에도, 문득 어떤 냄새에 그 사람의 온기가 되살아나고 어느 계절의 바람에 함께 걷던 길의 풍경이 다시 떠오른다. 그래서 우리는 묻는다. 이 사람은 과연 끝난 것인가?

아니면 아직 내 안에서 서서히 농도를 더해가고 있는 것일까? 삶은 그 답을 알지 못한 채 흘러가지만, 우리는 안다. 사랑이 없던 날들은 그저 하루였고, 사랑이 있었던 날들은 찬란한 인생이었다는 것을. 그러니 오늘 하루가 사랑으로 물들어 있다면, 우리는 그 한순간을 망설이지 말아야 한다. 내일을 약속받지 못한 우리가 가장 확실히 붙잡을 수 있는 건, 바로 지금이니까.

Carpe Diem.

지금 사랑하라. 생의 마지막처럼! 그것이 확실한 생의 증거가 될 테니까.

깊은 산사에서

도심에서 멀어진다는 건, 소음을 잊는 일이 아니라 내 안에 조용히 들리는 것들을 다시 듣는 일이다. 나는 어느 깊어가는 가을, 말이 사라진 풍경 속을 찾아 아무런 이유도 명분도 없이 그저 조금은 비워지고 싶었기 때문이다. 분주한 도시에서 지친 마음을 안고 스스로를 잊어가던 내가 고요한 산사에서 다시 나를 마주한다. 우리는 때때로 너무 많은 것을 말하려 하고 쳇바퀴 돌 듯 바쁘고 여유 없이 살아간다. 하지만 정말 소중한 것들은 언제나 말없이 조용히 곁에 있다. 우리도 잠시 멈춰 그 고요한 위로에 귀를 기울여야 한다.

그곳엔, 종소리도 은은하게 들려왔고, 깊은 산사의 찬바람은 나의 정신과 온몸을 사정없이 깨우고 무심히 스쳐 지나간다. 산은 거대한 침묵으로 나를 감쌌다. 나는 깊고 짧은 숨을 들이마셨다. 토해내며 오래 닫혀 있던 감각의 문을 열었다. 그리고 마음속 작은 산사를 품고 일상의 소란 속에서 조용히 나를 돌아보는 시간이 되었다. 처음엔 불편했다. 핸드폰도, 시계도, 대화도, 습관처럼 익숙했던 모든 외부의 자극이 사라진 그 자리에서 나는 내가 얼마나 많은 '소음'으로 살아왔는지를 조용히 깨달았다.

그리고 며칠이 지나자, 산사의 새벽종 소리가 내 심장처럼 울렸다. 물 흐르는 소리, 스님의 발자국 소리, 바람에 우수수 떨어지는 은행잎 하나까지 모든 것이 마치 말을 걸어오는 것 같았다. 나는 처음으로 '멍하니'라는 상태를 받아들이기 시작했다. 무언가를 해야 한다는 조급함에서 벗어나 그저 존재하는 법을 배우기 시작한 것이다. 그때 알게 되었다. 삶은 원래 이토록 조용한 것이며 우리가 듣지 못했던 건 소리의 부재가 아니라 마음의 과잉이었다는 것을.

깊은 산사의 낮은 처마 밑에서 나는 내 안의 오래된 목소리를 마주했다. 그건 욕심도 아니고, 후회도 아니고, 그저 너무 오랫동안 내가 들어주지 않았던 나였다. 내가 지켜주지 못했던 내 마음 내가 눌러왔던 감정, 내가 외면했던 질문들 그 모든 것들이 다정하게 말 걸어왔다. 항상 뒤편에 물러나 있던 나를 살며시 앞으로 끌어당겼다. 그날 나는 처음으로 세상이 아닌 나에게 "늦지 않아! 지금 이 순간부터야."라고. 마음이 요동쳤다. 그리고 오래된 마음의 문 하나가 조용히 열리는 소리를 들었다.

산을 떠나온 후에도 그 산사의 침묵은 내 안 어딘가에 남아 도시의 분주함 속에서도 때때로 내 어깨를 다독인다. 삶은 바쁘게 달려가는 것이 아니라, 가끔은 조용히 멈춰 서는 것이며, 그 멈춤 속에서야 비로소 진짜 나의 삶이 들린다. 말없이도 가르치는 것들이 있다.

침묵 속에서야 비로소 전해지는 삶의 진심 같은 것들. 이제는 안다. 고요는 텅 빈 것이 아니라 가장 진실한 나의 목소리가 머무는 자리라는 것을. 산사에서 배운 것은 고요가 아니라, 고요를 받아들이는 나 자신이었다. 그리고 가끔 그 산사에서 배운 마음으로 내 삶의 어느 모퉁이에서 가만히 나를 다시 껴안는다. 말없이, 그러나 가장 깊게.

우리는 서로의 풍경이었다

사람은 때때로 인생의 계절처럼 스쳐가고 남는다.

- Rainer Maria Rilke -

위의 말처럼 살아가다 보면 어떤 사람은 운명처럼 스며들어 아무 말 없이 사라진다. 그러나 그 잔상은 오래도록 마음의 풍경으로 남는다. 하지만 또 어떤 사람은 그 짧은 머뭇거림 하나로도 우리 마음 깊은 곳에 오래도록 머문다. 마치 처음 마주한 낯선 도시처럼 잠시 머물다 떠날 줄 알면서도 그 풍경이 이상하리만치 잊히지 않듯이.

나는 그런 사람들을 '풍경'이라고 부른다. 내 삶의 배경이 되어 주었고, 잠시라도 그 안에 내가 기대어 쉴 수 있었던 사람들.

우리는 서로의 목적지도, 결론도 아니었지만 한 시절의 풍경이 되어 서로를 감싸고 있었다. 기억을 돌아보면 함께 있는 동안 우리는 그다지 특별하다고 느끼지 못했다.

늘 그 자리에 있을 것 같았고, 언제든 다시 만날 수 있을 거라 믿었다. 그러나 시간이 흘러, 우리가 더 이상 같은 계절을 공유하지 않게 되었을 때 비로소 알게 되었다. 어떤 사람은 사라지고 나서야 더 또렷해진다는 사실. 그리고 사람은 결국, 그 관계도 어떤 감정으로 끝났는지에 따라 기억된다는 걸.

따뜻했던 순간들은 시간이 흘러도 오래 곁에 남지만 다투거나, 어색하게 멀어진 사람은 그 따뜻했던 기억마저 흐려지게 만든다. 우리가 끝내 지키지 못한 관계는 아무리 좋은 순간이 많았더라도 결국 마음속에서 서서히 사라지게 된다. 이따금 멍하니 앉아 창밖을 내다볼 때면, 아주 오래전 함께 봤던 풍경이 겹쳐 보일 때가 있다.

바람이 불던 오후, 버스를 기다리던 정류장의 그림자, 창문 너머로 들어오던 저녁 햇살. 그 장면 속에는 누군가가 함께 있었다. 지금은 연락도 닿지 않는, 서로의 소식조차 모르는 사이가 되었지만, 또렷하게 남아 있는 그 사람.

우리는 결국, 다시 돌아갈 수 없는 풍경을 가슴에 품고 살아간다. 그 시간으로 다시 걸어 들어갈 수 없다는 걸 알면서도 그 장면 하나에 수십 번 마음이 머문다. 그 풍경을 지나칠 때마다 그 사람을 그리워하지 않으려고 애쓰지만, 마음은 늘

같은 자리에서 발걸음을 멈춘다.

사람은 누구나 누군가의 풍경이 된다. 의도하지 않았더라도, 잠시 스쳐간 사이였더라도, 그 짧은 동행 속에서 우리는 서로의 마음에 작은 결을 남긴다. 가벼운 인사 한마디, 무심하게 지나친 눈빛, 뜻 없이 건넨 농담.

어느 날 갑자기 삶의 한복판에서 되살아날지도 모른다. 우리는 크고 대단한 사건이 아니라 작고 조용한 순간으로 기억된다는 것. 그리고 때로는 그 조용한 순간이 한 사람의 인생을 바꿔 놓을 수도 있다. 그렇기에 우리는 오늘의 말투 하나, 눈빛 하나, 침묵 하나까지 진심을 담아야 하는지도 모르겠다.

지금 이 순간, 나는 또 누군가의 풍경이 되고 있을까. 이 거리, 이 공기, 이 계절 속에서 내가 내뿜는 숨결과 말들이 누군가의 기억에 스며들어 조용히 오래 남을 수 있을까.

카르페 디엠(carpe Diem) 지금 이 순간을, 바쁘게 무언가를 채우라는 뜻이 아니다.

오히려 지금 곁에 있는 사람을 조금 더 깊이 바라보고, 배려하는 것이다. 다시는 오지 않을 이 하루를 조금 더 따뜻하게 대하라는 것이다. 우리가 미처 소중히 여기지 못한 순간들을 놓치지 말라는 다정한 말이었을 수도 있다.

사람과 사람 사이에는 말로 다 담을 수 없는 공기가 흐른다. 그 공기는 오랜 시간이 흐른 뒤에도 마음 한구석에서 다시 피어오르곤 한다. 기억은 언제나 예기치 못한 틈으로 스며든다. 붙잡으려 하면 빠져나가고, 잊었다고 믿는 순간에 다시 모습을 드러낸다.

어쩌면 우리는 서로를 완전히 잊은 것이 아니라 마음 어딘가의 서랍에 가만히 접어 넣은 채 살아가는 건 아닐까. 그리고 그 접힌 기억은, 그 사람의 인생이 한 번쯤은 내 곁을 지나갔다는 증거이자 내가 누군가의 풍경이었음을 보여주는 가장 고요한 방식인지도 모른다. 그 기억은 말로는 설명되지 않고, 정확히 무슨 감정인지도 알 수 없지만 마음 어딘가를 흔들고 간다.

그 사람이 다시 돌아온 것도 아닌데, 그 시절로 시간이 되감긴 것도 아닌데, 순간적으로 숨이 멎는 듯한 감정의 파도가 밀려온다. 나는 마음속으로 그런 장면을 그려본다. 내가 누군가의 풍경으로 남는다면 그것이 고요하고 다정한 장면이기를.

잠시 서로의 마음이 머물렀던 그 순간으로 시간이 흘러도 따뜻한 마음 하나로 기억되고 싶다.

그리고 나도 그렇게 내가 사랑했던 사람들을 삶의 가장 아름다웠던 배경으로 영원히 품고 있기를.

이 순간,
삶은 선물이다

삶은 매일 아침, 알림 없이 도착하는 선물 같다. 포장은 없지만, 그 안에는 눈물도 있고 웃음도 있으며, 무엇보다도 '지금 이 순간'이라는 살아 있는 시간이 담겨 있다. 우리는 그 선물을 어떻게 풀어볼지, 매일 선택하며 살아간다.

우리는 종종 지나온 시간을 돌아보며 후회하고 마음 아파한다. 놓쳐버린 기회, 흘려보낸 인연, 아직 하지 못한 말들이 가슴 한편을 무겁게 누른다.

또한, 오지 않은 내일 앞에서는 막연한 두려움이 피어난다. 그러나 삶은 늘 지금에 머물고 있다. 지나온 날들은 우리의 발자국으로 남고, 다가올 내일은 아직 그려지지 않은 공백일 뿐이다. 삶은 과거에도, 미래에도, 머무르지 않는다는 것이다. 삶은 오직 지금 이 순간에만 깃들어 있다.

지금부터의 삶이 소중한 것은, 이미 잃어버린 것들로 마음을 다치지 않기 위해서다. 이미 지나간 슬픔과 아쉬움으로 스스로를 자책하지 않을 것이다. 그리고 아직 오지 않을 걱정과 두려움으로 오늘을 미리 포기하지 않으리라. 오늘의 내 마음을 놓치고 잃어버리지 않도록 하는 것이다. 삶은 언제나 우리에게 한 줄의 현재만을 내어준다. 어제는 되돌릴 수 없고 내일은 앞당길 수 없다. 과거는 발자국으로 남고 미래는 비어 있는 캔버스다.

그저 지금, 이 순간 내 앞에 놓인 따뜻한 차 한 잔, 창밖의 눈 부신 빛, 내 곁의 사람, 내 안의 숨결, 그리고 나 자신 그 모든 것이 기적처럼 소중하다. 지금이 내 안에 숨 쉬는 유일한 시간이다. 삶의 가장 빛나는 순간은 먼 미래에 숨어 있는 것이 아니라 내가 숨 쉬고 있는 바로 지금, 이 작은 순간 안에 있다는 것을.

우리는 어쩌면 이 단단한 진리를 잊고 살아온 지도 모른다. 무엇을 이루어야만, 어디에 도달해야만 삶이 빛날 것이라 믿으며 '언젠가'를 위해 숨 가쁘게 달려왔다. 그러나 이제야 깨닫는다. 삶의 빛은 저 먼 곳에 있지 않다.

보잘것없다고 여겼던 하루하루가 사실은 소소한 일상의 축복이었다는 것이다. 지금부터의 삶이 소중한 것은 내가 살아있음을 느낄 수 있기 때문이다. 내가 걸어가는 이 자리에 이미 충분히 스며 있다.

오늘을 허기진 이름으로 남기지 않으리라. 오늘을 내일의 그림자로 숨기지 않으리라. 오늘은 그 자체로 온전하고 아름답다.

이 글을 쓰며 나는 그날의 나를 떠올렸다. 어둠 속에서 빛을 찾아내던, 포기하지 않던 내 안의 작은 용기. 때로는 눈물이 나도, 두려움이 밀려와도, 그조차 나의 소중한 삶의 일부이기에 감싸주고 보듬어 줄 것이다. 우리가 살아 숨 쉬는 이 순간이 영원하는 아니어도 지금의 삶은 가슴 벅찬 선물이다.

나는 그 선물을 온 마음으로 받아 안으며 오늘의 나를 있는 그대로 받아들이고 사랑할 것이다. 삶이란, 완벽하지 않아도 이미 충분한 선물이었다. 그것을 느끼는 순간, 우리는 더 이상 '왜 받았는가'를 묻지 않고 '어떻게 쓰고 갈 것인가'를 고민하게 된다.

인생은 포장만 없는 선물이다.

-레오 버스카글리아(Leo Buscagllia)-

소리 없는 대화

말 한마디 없이, 나는 바다와 가장 깊은 대화를 나눈다. 사람의 언어들은 닿지 않는 감정이 있다. 마음속 어딘가가 조용히 흔들릴 때, 나는 말 대신 바다를 찾는다. 그곳에는 물결이 건네는 안부가 있고 침묵 속에는 내 안을 꿰뚫는 고요한 울림이 있다. 언제부터였을까. 나는 바다를 그리워하게 되었다.

도시의 거친 숨결 속에서 서서히 무너져 가던 어느 날, 나는 무작정 바다로 향했다. 찬바람이 뺨을 스치고 파도는 다정하게 속삭였다. 잘 지내느냐고. 잊지 않았느냐고. 그 순간 알았다. 내가 바다를 찾은 것이 아니라, 바다가 먼저 나를 기억하고 있었다는 것을.

바다는 솔직하다. 거칠면 거친 대로, 고요하면 고요한 대로,

자신을 감추지 않는다. 그 앞에 서면 나도 숨길 수 없다. 불만, 후회, 오래된 상처까지 고스란히 드러난다.

하지만 바다는 아무것도 묻지 않는다. 꾸짖지도, 설명을 요구하지도 않는다. 그저 파도로 감싸 안고, 물결로 등을 다독인다. 나는 그 침묵 속에서 비로소 나를 마주하게 된다. 침묵보다 다정한 침묵이 바다에 있다. 내가 바다를 사랑하는 이유는 눈앞에 펼쳐진 광활한 바다의 숨결 때문만이 아니다. 그 너비와 깊이, 그리고 삶을 감싸는 무게 때문이다. 수없이 밀려오고 물러나는 파도 속에는 수천 겹의 기억과 생명이 쌓여 있다.

그 물결 아래, 수많은 존재가 숨 쉬고 살아간다. 작은 플랑크톤부터 고래에 이르기까지, 바다는 생명의 터전이자 시간의 저장소다. 그 앞에 서면, 내가 겪은 슬픔쯤은 파도 한 줄기에 실려 조용히 흘러간다. 위로란 바로 그런 것이다. 말없이, 나도 모르게 스며드는 것. 나는 바다에게 배운다. 흔들리되 제자리로 돌아오는 법, 밀려오되 때가 되면 물러나는 겸손, 그리고 누구든 품을 수 있는 너그러움. 바다는 나를 판단하지 않는다. 그저 그대로 두고, 묵묵히 기다려 준다. 그 기다림 속에서, 나는 다시 호흡을 찾는다.

그래서 나는, 도망치고 싶을 때가 아니라, 나 자신으로 돌아가고 싶을 때 바다로 간다. 그곳에서 나는, 내가 잊고 있던 나를 다시 만난다.

오늘도 나는 그 파도 앞에 선다. 말이 필요 없는 그 대화 속에서, 세상의 거센 바람 속에서도 나를 지탱할 힘을 얻는다.

천 년의 시간
프랑스 와인 기행

프랑스, 그 이름만으로도 입안 가득 향이 번지는 나라 와인을 사랑하는 이들에게 프랑스는 더 이상 국가가 아니다. 그것은 한 병의 와인처럼, 시간 속에 숨겨진 이야기이자 감각의 세계다. 이 땅엔 천 년의 시간이 숨어 있다. 한 잔의 와인이 잉태되기까지, 수백 번의 계절이 머무르고 익어 갔다. 시간을 마시는 나라, 프랑스로의 와인 기행.

기행의 시작은 부르고뉴였다. 파리에서 남동쪽으로 달리다 보면 갑자기 풍경이 달라진다. 들판은 더욱 정갈해지고, 포도나무는 줄 맞춰 병사처럼 서 있다. 와인이 농업이 아니라 예술임을 처음 깨닫게 되는 순간. 부르고뉴의 중심 보네(Bonne) 마을에 도착하면, 시간은 멈추고 향기가 말을 건다. 이곳의 왕이라 불리는 와인은 단연코 로마네콩티(Romanée - Conti) 그 이름을 올리는 것만으로도 숙연해진다. 한 병에 수천만 원을 호가하지만, 그 값이 단순한 시장의 가격이 아님을 알게 된다. 로마네콩티는 포도의 혼이다. 매년 4천 병 남짓 생산되는 이 와인은 한 모금에 자연과 인간, 전통과 신념이 녹아 있다. 실제로는 맛보다 향에 압도당한다. 그것은 꽃이 아니라, 시간이 피워낸 향기.

아쉽게도 압도적인 맛과 향의 로마네콩티의 시음은 그림의 떡이 되었다. 잔 하나에 천 년의 시간이 담긴 그 향과 맛은 어떤 신비로운 맛일까? 도저히 상상 불가이다.

파리에서 기차를 타고 남동쪽으로 두 시간 남짓. 뽀얀 안개를 헤치고 내려서 디종(Dlion)역은 한껏 고요하다. 여기서부터 부르고뉴다. 와인 애호가들 사이에선 성지라 불리는 곳, 그러나 그 풍경은 뜻밖에도 소박하고 평온하다. 물결처럼 이어진 완만한 구릉지 위로 포도밭이 펼쳐지고, 나무 기둥과 철사에 줄지어 선 피노누아가 바람결에 가볍게 흔들리고 있었다. 그 조용한 떨림 속엔 천 년의 시간이 스며들고 있었다.

디종에서 남쪽으로 조금 더 내려가면 본(Beaune)이 나온다. 와인의 수도라 불리는 이 조그만 중세도시. 돌담과 붉은 지붕, 시계탑의 마을은 마치 시간과 공간이 한데 어우러진 듯 아름답다. 골목 하나를 돌아설 때마다 수백 년의 와인 냄새가 골목 벽돌 틈에서 풍겨 나오는 듯했다.

"Cest la Romanée-conti."

가장 미미한 것들이 때때로
가장 깊은 울림을 준다.
- victor hugo-

한 노부인이 자부심 가득한 소리로 다정하게 말했다. 현지인들은 로마네콩티를 와인이 아니라 '혼이 깃든 땅'이라 표현했다. 그 포도밭은 생각보다 규모가 크지 않았다. 한걸음, 한걸음마다 이 땅의 역사와 하늘의 기후와 인간의 손길이 함께 만들어 낸 결정체가 자라고 있었다. 하지만 와인 기행이 천 년의 시간을 품은 만큼 경건하고 숭고한 경험이지만 항상 그렇지만은 않다.

어느 날, 우리는 와인 셀러 투어 중 길을 잃었다. 좁은 샛길을 돌고 돌다 들어간 작은 와인바, 주인은 머리가 반쯤 벗겨진 푸근한 인상의 사십 대 남자였는데, 우리가 한국인이라는 걸 알자 갑자기 흥분하며 말했다.

"oh! korea(오! 코레아)."

그리고선 자기가 소장한 로마네 생비방(Romanée-st-Vivant)을 꺼내 들었다. "이건 절대 파는 술이 아니라, 영혼을 나눌 사람에게만 따르는 술이오." 우리는 뜻밖에도 그날 저녁, 몇백 유로는 족히 넘는 부르고뉴 레드와 프랑스 남자와 한국 여행자들의 국경 없는 웃음과 박수를 나눴다.

와인은 이렇듯, 어디선가 낯선 이들과 어깨를 부딪치게 만들고 결국 마음을 열게 만드는 마법이다. 부르고뉴의 해 질 무렵은 또 특별하다. 노을이 포도밭을 덮으면, 그 풍경은 마치 와인 병 속의 루비 빛이 땅 위로 쏟아진 것 같다.

고즈넉한 분위기에 한 모금 마시지 않아도 이미 취한 느낌처럼 그 순간을 지나면서 문득 생각했다. 이토록 조용한 땅에서 왜 가장 위대한 와인들이 태어나는지를. 절제, 침묵, 기다림, 그리고 열정과 진심 어린 정성 그게 바로 부르고뉴가 주는 교훈이다. 그리고 그 여운은 언젠가 내가 마주할 어떤 중요한 선택의 순간에 내 안의 기준이 되어 줄지도 모른다.

그날의 부르고뉴는 향기만으로 인생을 가르쳐 주었다. 디종의 이른 아침, 나는 아직 비어 있는 골목길을 걸었다. 보도 위에 아슬아슬하게 남은 새벽 안개가 내 발끝에 닿고, 벽돌 담장 위로 피어오른 포도 향이 어제 마셨던 피노 누아의 뒷맛처럼 다시 입안에 감돌았다. 부르고뉴(Bourgogne) 지방을 대표하는 적포도 품종으로, 섬세하고 우아하며 복합적인 풍미를 지닌 와인이다. 전 세계적으로 가장 까다롭지만 사랑받는 품종 중 하나로 손꼽힌다.

다시 열차를 타고 동쪽으로 조금 가면, 다음 목적지는 샹파뉴(champagne)다. 에페르네(Eperney)의 기차역에 내리자 바람이 다르다는 걸 가장 먼저 느꼈다. 다른 곳보다 더 잔잔하고 부드러웠다. 뫼트 & 샹동(Moët & chadon)의 셀러에 들어서자 수백만 병의 샴페인이 잠든 지하 세계가 펼쳐진다.

온도는 딱 10도. 내 숨결이 안개처럼 피어오르는 사이, 가이드가 말했다. “샴페인은 기다림입니다. 기포는 우연이 아니라, 과학과 인내가 만든 기적이죠. 샴페인에 적셔 같이 먹는 쿠키는 그 맛이 일품입니다.” 그 말에 귀가 솔깃해졌다. 금방이라도 한번 먹어보고 싶어졌다. 거품 속에 인생이 숨어 있을 줄은 몰랐다.

아쉬움을 뒤로하고, 남쪽으로 계속 내려가 론벨리(Rhone Valley)로 향했다. 기차는 점점 더 햇살과 바람을 함께 품고 달렸고, 지평선은 황금빛으로 물들었다. 코트 뒤론 마을에 도착했을 땐 이미 와인잔을 든 사람들이 광장에 삼삼오오 모여 있었다.

이곳의 '시라'는 부르고뉴의 '피노누아'와는 달리 좀 더 대담하고 야성적이다. 첫 모금에 혀를 강하게 툭 친다. 움찔했다. 검은 과실, 후추, 짙은 땅 내음, 강한 햇살을 닮은 맛이다. 저녁 무렵, 한 현지 와인 농장주가 말했다. "이 와인은 쉽게 와닿지 않아요. 하지만 당신을 안다고 느끼는 순간 다신 떠날 수 없게 만들죠."라고 웃으며 말했다.

그 말의 묘한 여운을 뒤로하고 마지막 행선지 프로방스(provence)로 발길을 옮겼다. 이곳은 와인을 마시는 게 아니라, 와인과 함께 살아간다는 표현이 더 어울린다. 지중해 바람은 살갗에 닿기만 해도 기분이 좋아지고, 언덕 위 포도밭은 한 폭의 수채화 같다. 장날의 광장에는 치즈, 허브, 올리브유 그리고 로제 와인 병들이 햇살을 머금은 셀러의 선반 위에 줄지어 늘어서 있다. 로제 와인의 다채로운 색상과 풍미는 진열된 병들만으로도 그 아름다움을 느낄 수 있다.

잘 익은 그르나슈(Grenache)와 시라, 무르베드르(Mourvédre)로 빚은 로제와인은 빛깔부터 연한 복숭앗빛, 한 잎 머금으면 입

술 끝이 살짝 말린다. 달지 않고, 물 같지도 않고, 막 프랑스 남부의 오후처럼 느긋하다.

루르마랭(Lourmarin) 마을에서의 마지막 밤, 나는 혼자 작은 카페에 앉아 있었다. 머리 위엔 샹들리에 대신 별이 깔려있고, 바람에 포도잎들이 속삭이듯 소리를 낸다. 그 순간, 나는 알게 되었다. 이 모든 여행의 의미를. 부르고뉴는 '기억'이고 상파뉴는 '축복', 론벨리는 '자기 확신' 그리고 프로방스는 '삶 그 자체'. 와인을 통해 나는 프랑스를 이해했고 프랑스를 통해 내 안의 감각을 다시 일깨웠다. 그 여운은 지금도 여전하다.

가끔 어느 오후, 아무 이유 없이 와인 한잔을 들게 될 때, 그 향기는 다시 나를 그 마을들로 데려간다. 부르고뉴의 작은 골목에서, 로마네콩티가 숨 쉬는 포도밭 언저리에서 나는 문득 알 수 있었다.

그 깊고 은은한 향기처럼, 언젠가 우리 삶도, 그 순간의 기억으로 누군가의 마음속에 돌아올 것이다. 인생의 가장 깊은 향은, 기다림과 추억 속에서 익는다는 것을.

숨 쉬는 그릇, 담긴 세월

마당 끝 장독대의 항아리는 세월의 묵은 숨결이 고이고 소리 없이 시간을 품고 있다. 햇살과 바람을 등지고, 장독대 한편에 묵묵히 앉아 있다.

항아리 속에는 기다림이라는 시간을 담아 세월이 익고 있다. 겉은 투박하고 둥글기만 한데 검붉은 유약이 햇살에 번들거리면, 오래된 옹기 존재의 가치를 드러내는 듯하다.

어릴 적 외갓집 마당엔 늘 정갈하게 줄을 지어 자리를 지키는 항아리가 눈길을 끌었다. 할머니는 흰 앞치마를 두르고 하루의 일과처럼 정성스레 닦고 보살폈다. 할머니는 된장독을 열어 향을 맡고는 고개를 끄덕였다.

"올해는 잘 익었다." 그 달 한마디가 계절의 안부였고, 그해의 평안이었다.

장독대 담벽에는 한여름 능소화가 흐드러지게 피어 운치를 더하였고, 고운 색색의 채송화가 피어 올망졸망 모여 있었다. 능소화의 자태도 아름답다고 느꼈지만 키가 작달막한 예쁜 채송화를 특히 좋아하였다. 그리고 넓은 용기 질그릇에 열무김치를 맛깔나게 버무려 다른 그릇에 옮겨 놓은 뒤 항아리에 든 고추장을 꺼내와 남은 양념에 밥을 넣고 막 짜온 고소한 참기름에 쓱싹쓱싹 비벼 그 자리에서 한입 맛보던 그 순간은 알싸하게 매운맛도 감칠맛이 되어 매운 줄도 몰랐다. 그런 장면들이 문득 그립다. 이렇게 질그릇은 그 모양에 따라 쓰임 용도가 다양하였다.

장항아리 중에 세월의 맛 씨간장이 든 항아리는 가장 빛이 들고 나는 으뜸 자리를 차지하고 있다. 그 외에 항아리를 여러 용도로 쓰고 있는데 냉장고 없던 시절, 시원한 물을 저장하는 물항아리. 막걸리, 약주, 청주 등의 전통주를 숙성시키는 항아리로. 또 명절에 요긴하게 쓰는 식혜, 수정과 항아리 그리고 묵은지 항아리는 한 해 내내 사랑을 받는다.

항아리는 단순히 무언가를 보관하는 그릇이 아니다. 그 안에는 기다림, 인내, 발효, 순환이라는 우리 조상들의 생활철학이 깃들어 있다.

'담는다'는 것은 지킨다는 뜻이고, '익힌다'는 것은 삶을 되새긴다는 말이기도 하다. 뭔가 익어간다는 건 그냥 오래된다는 말이 아니었다. 시간을 견뎌내고 기다림을 품어내고 그리움은 다독이며 자신을 더 깊게 만든다는 것이다.

항아리는 한 번에 완성되지 않는다. 가마 속 뜨거운 화염을 견디고 물과 흙이 부드럽게 어우러져야 비로소 생명을 품을 준비가 된다. 그 모양이 둥근 것도, 너와 나 그리고 세상이 함께 어우러지기 위함이다.

세월이 익는 항아리 속엔
사람의 삶도 들어 있다.

삶은 너무 빠르고, 마음은 점점 얕아지는 시대. 그럴수록 나는 항아리 같은 사람이 되고 싶어진다. 묵묵히 기다릴 줄 알고, 겉 보다 속이 따뜻하고, 한 사람의 기억을 오래도록 품어줄 수 있는.

누군가는 말했다. "사람도 익어야 한다."

그 익음은 나이의 숫자가 아니라 마음의 깊이에서 오는 성숙함이라고. 나는 오늘도 마음속에 작은 항아리 하나를 품는다. 그 안에 정과 사랑을 담고, 상처도 담고, 말하지 못한 마음속 수많은 날을 조용히 눌러 담는다.

그리고 그 속에서 천천히 내 삶도 익어간다. 햇살이 드는 오후, 당신도 조용히 귀 기울여 보길. 어쩌면, 당신 마음속 항아리에서도 지금, 세월이 익는 소리가 들릴지도 모르니까. 서두르지 않고, 채우려 애쓰지 않고, 비워내는 시간 속에서야 비로소 삶도 제맛을 낸다는 것을.

한편에 묵묵히 자리한 항아리처럼 나 또한 고요히 익어가는 사람이 되고 싶다. 때가 오면, 저절로 향이 퍼지는 삶을.

지금 이 순간을 살아가는 법

당신이 있는 이 자리, 그 시간이 바로 삶입니다.

늘 무언가를 이뤄내야만 살고 있다는 느낌이 들던 날들이 있었다. 앞으로 나아가지 않으면 뒤처지는 것만 같은 불안 속에서, 나는 쉼 없이 달리고 또 달렸다.

하지만 어느 날, 뜻하지 않게 멈춰 선 하루가 있었다. 시계는 여전히 돌아가고, 세상은 바쁘게 움직이는데, 내 마음만은 조용히 가라앉아 있었다.

그 조용한 틈 속에서 나는 처음으로 '지금'이라는 시간을 바라보았다. 무언가를 이루지 않아도, 누구에게 증명하지 않아도, 이 순간을 살아내는 것만으로 이미 충만하다는 걸 깨달았다.

햇살 한 줄기, 아침을 시작하며 느긋하게 마시는 한잔의 커피 향기, 창밖을 스쳐가는 바람의 속삭임 그리고 그 모든 것을 느낄 수 있는 나. 그게 바로 삶이었다.

우리는 자주 놓친다. 지금 이 순간을, 지금 이 자리의 나를, 지금 숨 쉬는 하루를. '언젠가'라는 단어에 기대어 '지금'을 미루고, 더 나은 내일을 위해 오늘을 깎아낸다.

하지만 삶은 '언젠가'가 아닌, 오직 '지금'이라는 이름의 시간 안에만 존재한다. 어쩌면 지금 이 순간이 내가 간절히 바라던 내일의 일부일지도 모르는데.

그래서 오늘 나는 나에게 다짐한다. 결과보다 과정을, 속도보다 호흡을, 성취보다 느림을 사랑하자고. 빨라야만 가치 있는 게 아니고, 보여야만 의미 있는 것도 아니다.

오히려 느린 시간 속에서 더 잘 보이는 것들이 있다. 멈춰서야 들리는 목소리가 있다.

지금 이 순간을 살아간다는 건, 곁에 있는 사람에게 마음을 건네는 일이고, 내 마음이 말하는 방향으로 한 걸음 내딛는 용기이며, 누구도 아닌 '나'의 삶을 그대로 끌어안는 따뜻한 선택이다.

이 순간이 언제고 돌아갈 수 없는 단 한 번뿐인 시간이라는 걸 안다면, 우리는 더 이상 망설이지 않을 수도 있을지도 모른다.

오늘도 나는 순간을 사랑하는 삶을 연습한다. 완벽하지 않아도 괜찮고, 조금 흔들려도 괜찮다.

그저 지금 이 순간 나답게 숨 쉬고 있다는 사실 하나면 충분하다.

삶을 사랑하는 일은 지금 이 순간을 살아내는 것에서 시작된다.

그것이 바로 순간을 사랑하는 삶.

최선을 다하는 오늘을 마음 깊이 사랑하는 수필

오 경 자
(평론가, 국제PEN한국본부 고문)

과거는 미래의 바탕

수필은 자신의 체험을 바탕으로 한 소소한 일들에서 글감을 가져오는 것이어서 추억과 과거사에 매몰되기 쉽다. 수필가 유순이는 삶을 노래하되 구체적인 과거 추억의 과정에 붙들리지 않고 지극히 자유롭게 자신 삶의 철학을 담아내는 수필로 독자를 만나고 있다. 그의 수필 세계는 그의 삶의 태도인 카르페 디엠(Carpe Diem) 그 자체라 해도 과언이 아니다.

수필가 유순이에게 추억은 과거를 회상하기 위해서가 아니라 현재를 잘 살아가기 위한 거울로서 존재한다. 과거는 현재를 알차게 하기 위한 하나의 모티브에 지나지 않는다. 아무리 어려웠던 시절의 일들도 모두 오늘을 있게 한 자양분으로 읽히는 아름다운 일들일 뿐이다. 현재는 더욱 빛나는 미래를 위해 또 하나의 탑을 쌓아가고 있는 위대한 지점이다. 그의 수필은 과거에 천착하는 것이 아니라 미래를 설계하고 희망차게 노래한다.

지금의 가치와 아름다움을 깨닫지 못하면 마치 무채색의 그림처럼 우리의 삶은 빛과 생동감을 잃고 만다. 시간은 지나가고 순간은 사라질지언정 그 찰나의 아름다움은 마음속 깊이 새겨지기 때문이다. 우리가 영원한 존재가 아님을 자각할 때 비로소 매 순간을 더 깊이 사랑하게 된다.

순간의 미학은 지금 이 순간의 찰나의 유한함에 있기 때문이다.

-「순간의 미학」 중에서

자연 사랑은 필연적

유순이의 수필은 자연 사랑으로 점철되어 있다 해도 지나친 말이 아니다. 수필이나 시의 글감으로 자연은 언제나 큰 자리를 차지하지만, 자연 사랑으로 깊이 있고 일관되게 작품을 써 내려가기는 그리 녹록한 일은 아니다. 겨울 기운이 채 가시지 않은 어느 봄날 자목련이 피어나는 순간을 포착하는 행운을 가진 수필가 유순이, 그의 표현과 묘사는 말이나 글로 전달하기 힘들 정도로 정교하고 순박하다. 자연의 질서에 대한 경건함에 가까운 외경심이 없다면 불가능한 일이라고 생각되는 경지의 자연 사랑이다. 그저 자연을 좋아하고 즐기는 차원을 훨씬 뛰어넘은 수준이라 할 수 있다.

전혀 예기치 못한 일이 눈앞에서 벌어졌다. 봉오리 끝자락의 미세한 떨림이 내 눈에 감지되는 그 찰나. 자목련나무의 꽃망울이 소리 없이 톡! 톡! 터지는 그 순간을 나에게 그만 들켜버렸다. 나는 숨이 멎는 듯 잠시 멍하니 무아지경 속에 빠졌다. 순간을 포착한다는 것이 이리 가슴 떨리고 흐뭇함이란….

때때로 눈앞에 펼쳐진 찰나의 아름다움은 우리의 마음을 흔들어 놓기에 충분하다. 우리가 진정 살아 있음을 느끼게 해주는 존재의 증거다. 쉽지 않은 광경을 보았기에 그저 같은 공간에 순간을 함께 하는 것만으로도 뿌듯하고 알 수 없는 평안이 마음을 감쌌다. 우리가 살아가며 느끼는 찰나의 아름다움과 감동은 이 순간 삶 속에서 일어난다.

-「순간의 미학」 중에서

저녁노을을 보면서도 젊은 날의 감상과 나이 든 후의 감상의 초점이 달라진 부분을 놓치지 않고 삶의 궤적과 연결 지어 깊은 관조를 통한 주제를 이끌어 나가는 솜씨가 대단하다. 자연환경이 다른 우리나라와 캘리포니아의 태평양을 자연스럽게 오가며 날마다 지는 해의 일상이라는 노을에 삶의 진수를 녹여내는 기막힌 구성을 하고 있다.

한창 청춘일 때 바닷가에서 본 해 질 녘 노을은 탄성과 함께 낭만 그 자체였다.

훗날, 나이 들어 캘리포니아 하프문베이(Half Moon Bay)에서 바라본 불타던 노을은 아름다움을 넘어 처연하기까지 했다. 한 폭의 수채화처럼 붉은 해가 포물선을 그리며 서서히 수평선 아래로 점점 가라앉았고, 마침내 바닷속으로 조용히 떨어졌다.

그 순간, 가슴 한구석이 철렁 내려앉았다. 마치 삶의 유한성을 목격하는 듯 내 가슴에 지금까지 각인되었다. 나는 숭고하고 아름다운 광경 앞에 넋을 놓았었다. 어느 시인이 붉게 타는 노을을 보며 눈이 부시도록 아름다운 그 이면에 빛의 고통을 느꼈듯이, 그 고통이 이제야 나에게로 전해지다니…. 모든 것은 찰나요, 순간이다.

-「지나간 것은 지나간 대로」 중에서

사계절의 변화야 우리는 매년 겪는 일상이지만 그 속에서 인생의 허무함과 다른 차원에서 볼 때 대단함을 녹여내는 구성은 자연 사랑의 또 다른 면모를 보여주고 있다. 낙엽 지는 가을 모든 것이 스러지는 겨울에서 봄을 읽는 것은 자연이 가져다준 큰 선물로 수필가 유순이는 받아들이기에 가을에 희망이 있고 봄에 거둠이 숨어 있는 수필을 빚어내고 있다.

낙엽이 떨어지듯 인생에서도 때로는 놓아야 할 것들이 있다. 버릴 줄도 알아야 지킬 줄도 알겠는데, 버리지 못하는 것이 바로 우리가 지키지 못하는 이유이다.

모두 떠나버린 계절의 길목에는 잔영만 남아 있다. 자연의 모든 살아 있는 것들은 끊임없이 순환과 재생을 거쳐 자연의 섭리대로 그 자리를 찾아갈 것이다. 시간은 멈추지 않고 흐르며 계절이 바뀌듯 자연의 변화 속에서 삶의 무상함을 느낀다.

그러나 시간은 무의미하게 흘러가는 것이 아니라 시간은 쌓이고 쌓여서 무언가를 만들어 내고 이루어 낸다는 것이다. 가장 중요한 시간은 지금이다. 이 순간에 충실할 때 삶의 깊이와 진정한 가치를 의미 있게 만들어 줄 것이다.

「계절의 길목에서」 중에서

동서양을 오가며 색다른 풍광 속에서 인간 삶의 여일함을 진솔하게 노래하는 수필을 빚고 있는 수필가 유순이의 일상은 긍정이고 사랑으로 가득 차 있다. 자그마치 640km를 넘는 거리에 펼쳐진 아몬드밭에 만발한 이색적인 꽃벌판을 달리면서 느끼는 감회를 담담하게 담아내는 유순이의 수필은 그의 자연 사랑이 어떤 것인지 함축적으로 보여주는 작품이라 하겠다.

> 어느새 나는 아이러니 하게도 캘리포니아 아몬드꽃밭에서 한국의 「과수원 길」을 입속으로 흥얼거리며 아카시아 한국의 봄이 그리워진다.
>
> 지금쯤 산과 논두렁에는 지천으로 쑥, 냉이, 달래들이 다투어 고개를 내밀고 올라오겠지. 한국의 봄은 흥과 함께 아기자기한 멋과 상큼한 맛도 빼놓을 수 없다. 아몬드꽃잎의 흔치 않은 고혹적인 향에 흠뻑 취해서인지 순간, 캘리포니아와 한국을 오가고 있다.
>
> –「캘리포니아의 봄」 중에서

상상해보라 우리나라 한반도의 길이보다도 더 긴 거리가 640km 아닌가? 아무리 아름다운 꽃이라 한들 그 정도로 계속 이어지면 지루할 법도 한데 작가는 그 안에서 무한한 자연의 아름다움에 취하고 있다.

모정에 담긴 진한 그리움, 절제의 미학

누구에게나 어머니의 사랑은 써도 써도 끝이 없기 마련이다. 그러나 수필가 유순이는 그 어머니에 대한 그리움을 뼈가 저리도록 절제해서 표현함으로써 수필에서의 절제의 미가 어떤 것인가를 고스란히 전하고 있다.

작가는 샌프란시스코의 하늘이 유난히 맑던 날 어머니의 위독

소식을 듣고 비행기에 오른다. 숨죽여 울고 있는 그에게 한 노부인이 네잎클로버 한 잎을 소리 없이 전한다. 그것을 건네받고 작가는 어머니의 사랑과 그리움은 말할 것도 없고 그 여인의 사랑을 격조 있게 읊어나간다.

그것은 네잎클로버였다. 종이 위에 눌러 말린 조그마한 풀잎 한 장. 나는 얼떨결에 그것을 바라보며 다시 눈물을 흘렸다. 그 순간 나는 알았다. 그녀도 언젠가 나처럼 가슴 찢기는 여정을 했던 사람이라는 것을. 그녀도 그날, 어디선가 네잎클로버 하나를 건네받았던 이였을지 모른다.

그리고 지금 그 기억을 나에게 이어주고 있는 것이다. 한국 땅을 밟자마자 택시를 타고 부랴부랴 병원으로 달려갔다. 손에 네잎클로버를 쥔 채 나는 온 세상을 향해 조용히 기도했다. 단 1분이라도 제발 늦지 않기를.

하지만 병원에 도착했을 때 어머니는 조금 전, 아주 잠잠히 마지막 숨을 놓으신 후였다. 어머니가 막내딸 온 줄 알고 안심하고 아쉬운 눈을 감으셨을 거라고 모두 말하며 위로하였다.

–「눈물의 네잎클로버」 중에서

작가 유순이에게 어머니는 서로가 숨어 있는 표현으로밖에 다가갈 수 없었던 차원 높은 사랑의 대상이었다. 사랑한다고 말하기조차 쑥스러운 대상, 우리는 그 감정을 알지만 잘 표현하기 힘든 대목인데 수필가 유순이는 그 감정을 한 편의 수필에 잘 담아내는 데 성공했다.

어느 날 문득, 내 손등에 잡히는 핏줄이 어머니의 손을 닮아 있었다. 그제야 깨달았다. 나는 평생 어머니의 시간을 따라 자라온 것이다. 어머니가 멈춰선 곳에 내 오늘이 피어 있었던 것이다.

어머니는 늘 조용히 나를 기도했다. 그냥 "밥은 먹었니?" "감기 조심해라."라는 말 속에 그분의 기도가 숨어 있었다. 사랑을 표현하지 못하는 세대가 아니라, 사랑을 삶으로 표현해낸 존재. 그분이 어머니였다.

나는 아직도 어머니에게 사랑한다고 말하는 게 서툴다. 그래서 어쩌면 이 글이 내가 어머니께 드릴 수 있는 가장 온전한 "사랑합니다."일지 모르겠다.

이 글을 쓰는 동안, 문득 오래전 시 한 편이 떠올랐다. 「어머니는 그래도 되는 줄 알았습니다」라는 시. 하지만 이제는 알고 있다. 어머니는 그러면 안 되는 분이셨다는 걸.

– 「사모의 정」 중에서

맛과 멋이 없는 삶이란 생각할 수 없어

유순이는 사람이 살아가는 데 있어 무엇보다 중요한 요소가 맛과 멋이라고 술회한다. 일상으로 먹는 음식이나 특별히 먹는 약선 요리 어느 것에서나 맛이 없다면 그 의미는 찾을 수 없다. 비단 미각으로 느끼는 음식의 맛뿐 아니라 인생살이에서 느끼는 여러 가지 멋 또한 보이지 않는 활력소임을 수필 속에 잘 녹여냄으로써 문화와 예술의 강한 힘을 은유적으로 풀어내고 있다.

음식을 맛깔나게 하고 거기에 슬쩍 멋을 내는 행위는 단순히 생존을 위한 것을 넘어서 삶과 문화의 밀접한 관련을 맺는다. 맛과 멋은 단순한 감각의 만족이 아니라, 맛은 혀끝에서 피어나는 기억이라면, 멋은 눈앞에 펼쳐지는 감각의 조화다. (…)

문득, 눈을 들어 주위를 둘러보니 흐드러지게 핀 산유화, 이름 모를 텃새들의 청아한 지저귐 소리, 흐르는 냇물 소리가 어우러져 마음 깊숙한 곳의 향수를 불러일으켰다.

"맛과 멋은 삶의 시(詩)다."

한 모금의 차에서 느껴지는 은은한 향은 마치 오래된 시 한 구절처럼 마음을 적신다. 접시 위에 펼쳐진 색과 형태는, 화가의 붓끝에서 탄생한 한 폭의 그림과도 같다.

-「맛과 멋의 소회」 중에서

소소한 일상 속에서 샘솟는 애국심, 무궁화 사랑

이국땅에서 우연히 무궁화를 발견하고 샘솟는 애국심을 들뜨지 않고 차분하게 깊이가 있는 나라꽃 사랑으로 풀어나가고 있는 필치가 유려하다. 무궁화에 대한 정보도 성실하게 제공하면서 애국이라는 명제 앞에 옷깃을 여미게 하는 작품이다. 그의 이국생활 전편에 깊숙이 흐르고 있는 애국심의 단면을 잘 그려낸 수필이라 하겠다.

유난히 맑고 푸르른 9월의 하늘 아래 그 먼 이국 낯선 땅에서 수려하게 피어 있는 하얀 무궁화를 보았다. 아름답다 못해 처연하기까지 느껴졌다. 암흑의 일제 강점기 시대 우리나라 민족과 함께 무궁화도 갖은 수난과 아픔을 겪었다. 무궁화가 독립운동가는 물론 우리나라의 민족을 대표하는 상징물로 여겨지고 있음을 우려해 무궁화 말살정책을 자행했다. 일제 치하에서 무궁화는 무모한 줄기와 가지치기를 당하여 한국에서도 무궁화 거목을 찾아보기가 힘들다. 지난 역사가 말해주듯 우리나라는 외세의 침략으로 인해 끊임없는 고통 속에 지내왔다. 나라꽃인 국화(國花)는 그 나라의 자연과 문화 그리고 역사와 관련이 깊은 식물로 정해지는 것이 일반적이라고 한다.

–「이국땅에 핀 무궁화」 중에서

고령화 시대의 단면, 노년이 노년을 품는 인간애

유순이 수필가는 지하철에서 한 노인의 무거운 짐을 들어 옮겨주며 아무 군말 없이 우리의 각박한 현실을 고발하며 노년이 노년을 돌보는 신풍속도의 단면을 가감 없이 그려내고 있다. 자신도 노년임을 까맣게 잊고 지극히 자연스럽게 허리 굽은 노파의 짐을 들어준다. 정중히 그 짐을 내려 줄 때까지의 과정을 담담히 그려내는 중에 그 노파의 행동이 현재 우리의 현주소를 잘 설명하고 있는 구성이 돋보인다. 감사의 표시로 손에 쥐여 준 누룽지 사탕 두 알에서 시어머님의 회고로 이어가는 술회의 솜씨가 차원 높다.

나도 모르게 할머니가 안타깝고 염려가 되어 잰걸음으로 가까이에서 뒤를 쫓아가며 "할머니, 제가 그 보따리 전철 타는 문 앞까지 들어다 드릴게요" 말하고는 대답을 듣기도 전에 얼른 내 손으로 옮겨 쥐었다. 보따리는 한쪽 어깨가 기울 만큼 묵직했다. 할머니의 보폭에 맞추어 걷다 보니 어느새 전철 타는 문 앞에 다다랐다. (…)

갑자기 할머니께서 내 손을 덥석 잡고 주머니를 부스럭거리며 뒤지시더니 내 손에 무언가 꼭 쥐여 주셨다. "아니에요, 저는 괜찮습니다, 나중에 할머니 드세요." 정색하고 만류했으나 "내가 고마워서 주는 것이니 받아주시오." 말씀하시는 할머니의 진심 어린 눈빛이 느껴졌다. 더 이상 성의를 사양하는 것도 예의가 아닌 것 같아 "이러지 않으셔도 되는데… 감사합니다. 잘 먹겠어요." 하며 손을 펴보니 예전에 시어머니도 즐겨 드시던 눈에 익은 누룽지사탕 두 알이었다. 순간 가슴에 뭉클함이 밀려왔다. (…)

노후에는 젊을 때보다 나이 들어 더 편안하고 나름대로 소소한 일상의 행복과 함께 큰 고통과 어려움 없이 여생을 보내며 노년의 삶이 살아 있는 날의 마지막 축복이 되기를 간절히 바란다.

「어느 노년의 초상」 중에서

유순이의 수필은 사랑을 주제로 하고 있다. 과거도 사랑, 현재도 사랑, 미래도 사랑 내게 스치는 모든 것은 다 사랑이다. 계절도, 자연도, 만나고 스치는 사람들도 모두 사랑이다. 사랑하지 않을 이유가 없다는 것이 그의 삶의 기본 철학이라 보인다.

문학은 작가의 생각을 드러낼 수밖에 없는 예술이다. 매사를 사랑할 수밖에 없기에 오늘의 수필가 유순이가 존재할 수 있고 그의 주옥같은 수필들을 만날 수 있는 것이다. 카르페 디엠, 지금에 충실하라. 여러 가지 뜻을 함축하고 있는 말이지만 그의 삶은 바로 그것 이상도 이하도 아니다. 그 삶이 바로 그의 수필이다.

빛나는 순간
카르페 디엠의 삶

2025년 12월 5일 초판 인쇄
2025년 12월 10일 초판 발행

지은이 유순이

발행인 강병욱
발행처 도서출판 교음사
편집 수필문학사 편집부

03147 서울 종로구 삼일대로 457 수운회관 1308, 1310호
Tel (02) 737-7081, 739-7879(Fax)
e-mail : gyoeum@daum.net
등록 / 제2007-000052호

* 잘못된 책은 바꿔 드립니다. 값 23,000원

ISBN 978-89-7814-119-2 03810